H. Kreth · C. P. Ortlieb

**Lehr- und Übungsbuch
für die Rechner
SHARP PC-1246/47
        PC-1251
        PC-1260/61
        PC-1350
        PC-1401/02**

Programmieren
von Taschenrechnern

Vieweg

Horst Kreth · Claus Peter Ortlieb

Lehr- und Übungsbuch für die Rechner SHARP PC-1246/47, PC-1251, PC-1260/61, PC-1350, PC-1401/02

Herausgegeben von Hans Heinrich Gloistehn

3. Auflage

Programmieren von Taschenrechnern 10

Friedr. Vieweg & Sohn
Braunschweig/Wiesbaden

Das in diesem Buch enthaltene Programm-Material ist mit keiner Verpflichtung oder Garantie irgendeiner Art verbunden. Der Autor übernimmt infolgedessen keine Verantwortung und wird keine daraus folgende oder sonstige Haftung übernehmen, die auf irgendeine Art aus der Benutzung dieses Programm-Materials oder Teilen davon entsteht.

1. Auflage 1984
   Nachdruck 1985
2., überarbeitete Auflage 1985
   Nachdruck 1985
3. Auflage 1986

Satz: Vieweg, Braunschweig

ISBN 978-3-528-24296-1   ISBN 978-3-322-89746-6 (eBook)
DOI 10.1007/978-3-322-89746-6

Vorwort

Dieses Buch gibt eine Einführung in die Programmiersprache BASIC. Vom Leser werden weder Programmierkenntnisse noch andere Erfahrungen im Umgang mit Computern erwartet.

BASIC ist die im Bereich der Mikrocomputer gebräuchlichste Programmiersprache, insofern sind die Inhalte dieses Buches auch auf andere Rechner übertragbar. Wer das Buch durchgearbeitet und verstanden hat, sollte damit keine Schwierigkeiten haben. Für den Programmieranfänger ist es aber erfahrungsgemäß einfacher, BASIC an einem konkreten Rechnertyp zu lernen. Das BASIC der hier behandelten SHARP-Computer PC-1246/47, PC-1251, PC-1260/61, PC-1350 und PC-1401 ist im wesentlichen das gleiche, ebenso die auf BASIC bezogene Bedienung.

Das vorliegende Buch ist als Einführung in den Umgang mit diesen Rechnern gedacht, es soll nicht mit den Bedienungshandbüchern des Rechnerherstellers konkurrieren. Ein erfahrener Programmierer wird diese als Nachschlagewerke vorziehen. Systematisch aufgebaute Bedienungshandbücher sind aber als Einführung für Programmieranfänger ungeeignet.

Leser mit Programmiererfahrungen könnten allerdings an den zahlreich eingestreuten Anwendungsbeispielen Interesse haben, die vor allem aus dem mathematisch-naturwissenschaftlich-technischen Bereich stammen.

Als eine rechnerbezogene Einführung in BASIC geht das Buch nur auf solche Dinge ein, die allen im Titel genannten Rechnern gemeinsam sind. Dagegen werden spezielle Möglichkeiten einzelner Rechner, die diese für den Benutzer vielleicht erst attraktiv gemacht haben, hier *nicht* behandelt, wie z.B.

— die Verwendung des PC-1401 als Taschenrechner,
— die Graphik-Befehle des PC-1350,
— das "Easy Simulation Program" (ESP) des PC-1260/61,
— die Besonderheiten mehrzeiliger Anzeigefehler beim PC-1260/61 und PC-1350.

Wir verweisen dazu auf die jeweilige Bedienungsanleitung.

Wir danken Herrn Prof. Dr. H. H. Gloistehn für die freundliche Unterstützung und den Mitarbeitern des Vieweg-Verlags für gute Zusammenarbeit.

Hamburg, im Februar 1985   H. Kreth
                                                                C. P. Ortlieb

Inhaltsverzeichnis

1 Manuelles Rechnen

Die SHARP-Taschencomputer können als gewöhnliche nicht-programmierbare Taschenrechner eingesetzt werden. Der nachfolgende Abschnitt über das manuelle Rechnen soll Sie mit ihrem Rechner vertraut machen und auf die folgenden Abschnitte über die Programmierung vorbereiten. Aus diesem Grund behandeln wir in diesem Buch das manuelle Rechnen für den PC-1401 nur in der Betriebsart RUN. Der Einsatz des PC-1401 als „wissenschaftlicher Rechner" wird in diesem Buch nicht besprochen.

1.1 Tastatur und Eingaberegister

Die Tastatur des SHARP-Taschencomputers besteht aus Tasten für die Buchstaben A, B, ..., Y, Z des Alphabets, für die Ziffern 0, 1, ..., 9 und für sonstige Schriftzeichen (z. B. *, ∧, $). Weiterhin gibt es eine Reihe von Tasten, die für den Rechnerbetrieb benötigt werden (z. B. [CL], [BRK], [ENTER]).

Die Bedeutung der einzelnen sonstigen Schriftzeichen und der speziellen Tasten werden wir an den Stellen kennenlernen, an denen wir sie erstmalig benötigen. Die Anordnung der Buchstaben auf der Tastatur entspricht der Zeichenaufteilung einer Schreibmaschine. Bitte beachten Sie, daß der Buchstabe O nicht mit der Ziffer 0 verwechselt werden darf.

Wenn Sie Ihren Rechner im RUN-Mode eingeschaltet haben, erscheint im *Anzeigefeld* links das Zeichen >, das die Betriebsbereitschaft signalisiert.

Die Anzeige DEG, RAD oder GRAD gibt an, in welcher Form Winkel verarbeitet werden, und zwar DEG für die 360°-Aufteilung, RAD für Bogenmaß und GRAD für die 400°-Aufteilung. Der Betriebszustand für die Winkelverarbeitung wird dadurch verändert, daß die Buchstabenkombinationen DEGREE, RADIAN oder GRAD eingetippt werden und die [ENTER] -Taste gedrückt wird.

Eingabe	Betriebszustand	Winkeleinheit
DEGREE [ENTER]	DEG	Grad (Altgrad, °)
RADIAN [ENTER]	RAD	Radiant (Bogenmaß, rad)
GRAD [ENTER]	GRAD	Gon (Neugrad, gon)

Der Rechner schreibt eingetippte Buchstaben, Ziffern und sonstige Schriftzeichen von links nacheinander in ein *Eingaberegister*, dessen Inhalt im Anzeigefeld sichtbar ist. Der Inhalt des Eingaberegisters kann durch Drücken der roten $\boxed{\text{CL}}$ -, $\boxed{\text{CLS}}$ - bzw. $\boxed{\text{C} \cdot \text{CE}}$ -Taste gelöscht werden. Die Bedienung der $\boxed{\text{ENTER}}$ -Taste bewirkt, daß der Inhalt des Eingaberegisters je nach Betriebsart zur weiteren Bearbeitung an den Rechner übergeben wird. Als Beispiel haben wir die Wahl der Winkeleinheit kennengelernt. Der sogenannte *Cursor* zeigt im Anzeigefeld den Platz im Eingaberegister an, der durch das nächste einzutippende Zeichen belegt wird. Im bereits beschriebenen Teil kann man zu Korrekturzwecken den Cursor verschieben. Die $\boxed{\blacktriangleleft}$ -Taste bewirkt eine Cursor-Verschiebung um einen Platz nach links, die $\boxed{\blacktriangleright}$ -Taste um einen Platz nach rechts. Bei einer Rechtsverschiebung bleibt der Cursor auf dem ersten unbeschriebenen Platz des Eingaberegisters stehen. Bereits eingegebene Zeichen können durch andere Zeichen überschrieben werden.

Beispiel: Das Wort Taschenrechner soll eingegeben und dann durch das Wort Taschencomputer ersetzt werden.

Eingabe	Anzeige
$\boxed{\text{CL}}$ TASCHENRECHNER $\boxed{\blacktriangleleft}$ $\boxed{\blacktriangleleft}$ $\boxed{\blacktriangleleft}$ $\boxed{\blacktriangleleft}$ $\boxed{\blacktriangleleft}$ $\boxed{\blacktriangleleft}$ $\boxed{\blacktriangleleft}$ COMPUTER	> TASCHENRECHNER_ TASCHEN■RECHNER TASCHENCOMPUTER_

Das Anzeigefeld hat zwischen 16 Zeichen (PC-1246/47 und PC-1401) und 96 Zeichen (PC-1350). Dagegen kann man in das Eingaberegister stets ungefähr 80 Zeichen eintippen. Geben Sie mehr Zeichen an, als Ihr Anzeigefeld faßt, so werden die Zeichen in der Anzeige schrittweise nach links verschoben. Durch Cursor-Verschiebungen können Sie jeden beschriebenen Bereich des Eingaberegisters im Anzeigefeld sichtbar machen.

Eine Reihe von Tasten Ihres Rechners sind doppelt belegt. Die über der jeweiligen Taste in roter Schrift angegebene zweite Belegung erreichen Sie, indem Sie erst die gelbe $\boxed{\text{SHIFT}}$ -Taste und dann die Taste mit dem angegebenen Zeichen drücken. Die Benutzung der $\boxed{\text{SHIFT}}$ -Taste wird jeweils angezeigt.

Beispiel: Die Zahl π

Eingabe	Anzeige
$\boxed{\text{CL}}$	>
$\boxed{\text{SHIFT}}$	>SHIFT (oben)
π	π_
$\boxed{\text{ENTER}}$	3.141592654

2

In Zukunft wollen wir voraussetzen, daß die $\boxed{\text{SHIFT}}$ -Taste richtig ange-
wandt wird und nur die Zweitbelegung selbst hinschreiben. Für $\boxed{\text{SHIFT}}$ π
schreiben wir also kurz π.

Zum Abschluß des etwas trockenen Abschnitts über die Bedienung des Rechners wollen wir noch eine spezielle Taste besprechen. Die $\boxed{\text{SPC}}$ -Taste erzeugt
im Eingaberegister ein *Leerzeichen*, d. h. der Cursor wird am Anzeigefeld um
eine Stelle nach rechts verschoben, ohne daß ein Zeichen erzeugt wird. Mit
Hilfe des Leerzeichens, das wir durch ⊔ beschreiben wollen, lassen sich Worte
oder Zahlen trennen.

Beispiel: Das Wort SHARP PC-1246 soll eingegeben werden

Eingabe	Anzeige
$\boxed{\text{CL}}$	>
SHARP	SHARP_
$\boxed{\text{SPC}}$	SHARP⊔_
PC-1246	SHARP⊔PC-1246_

Aufgabe 1: Geben Sie folgenden Text in das Eingaberegister ein:
Der "SHARP PC-1246" ist ein BASIC-programmierbarer Taschenrechner.
Bringen Sie den Cursor an die erste Zeichenstelle und lassen Sie ihn den Text
durchlaufen.

Bemerkungen: Spezialtasten werden bei anderen Rechnerfabrikaten eventuell
anders bezeichnet, ihre Funktion ist aber prinzipiell gleich. Weiterhin gibt es
bei anderen Rechnern dreifach belegte Tasten, so daß zwei Tasten vom
Typ $\boxed{\text{SHIFT}}$ vorhanden sein müssen.

1.2 Zahlen

Ihr Rechner kann Zahlen der Form

$\mathbf{|}$ A.B IEP   bzw.   A.BEP

verarbeiten. Dabei ist A.B eine mit einem Vorzeichen versehene Dezimalzahl
mit ganzzahligem Anteil A und gebrochenem Anteil B. Zur Trennung des
ganzen und gebrochenen Teils wird der Punkt und nicht das Komma verwendet. Die Dezimalzahl A.B heißt *Mantisse*. Die Zeichenfolge IEP bzw. EP
bedeutet Multiplikation der Mantisse mit 10^P. Die Rechner PC-1246/47 und
PC-1251 verwenden hier ein eigenes Symbol IE, die anderen dagegen den Buchstaben E. Der Zehnerexponent ist eine maximal zweistellige ganze Zahl, d.h.
es ist $-99 \leqslant P \leqslant 99$. Ist $B = P = 0$, so erhält man ganze Zahlen.

Um die Ein- und Ausgabe von Zahlen kennenzulernen, schalten Sie bitte Ihren
Rechner auf die Betriebsart RUN.

3

Eingabe von Zahlen

Die Eingabe von Zahlen erfolgt in der besprochenen Form A.BEP, wobei das Zeichen E durch die $\boxed{\text{EXP}}$ -Taste, Vorzeichen durch $\boxed{+}$ und $\boxed{-}$ erzeugt werden. Folgende Regeln gelten für die Eingabe:

a) Positive Vorzeichen können weggelassen werden.

$$+ A.BE + P = A.BEP$$

b) Ist P = $\emptyset$, so kann E$\emptyset$ weggelassen werden.

$$A.BE\emptyset = A.B$$

c) Ist B = $\emptyset$, so kann die Null und der Dezimalpunkt weggelassen werden.

$$A.\emptyset EP = AEP$$

d) Ist A = $\emptyset$, so kann die Null vor dem Dezimalpunkt weggelassen werden.

$$\emptyset.BEP = .BEP$$

e) Führende Nullen vor dem Dezimalpunkt und nachrangige Nullen nach dem Dezimalpunkt können weggelassen werden.

$$\emptyset\emptyset A.B\emptyset\emptyset\emptyset EP = A.BEP$$

f) Ist in der Mantisse A.B die Länge zwischen der ersten und letzten von Null verschiedenen Ziffer größer als 1$\emptyset$, so werden die elfte und alle nachfolgenden von Null verschiedenen Ziffern rechnerintern nicht berücksichtigt. Es ist daher nicht sinnvoll, Dezimalzahlen A.B einzugeben, deren erste und letzte von Null verschiedene Ziffern um mehr als 1$\emptyset$ Stellen auseinanderstehen. Weiterhin ist es nicht sinnvoll, P größer als 99 einzugeben.

g) Leerzeichen bei der Zahleneingabe werden überlesen. Man kann also eine Null nicht durch ein Leerzeichen darstellen.

Rechnerinterne Darstellung von Zahlen

Im Eingaberegister stehende Zahlen werden mit Hilfe der $\boxed{\text{ENTER}}$ -Taste zur weiteren Verarbeitung an den Rechner gegeben. Dabei werden sie aus Gründen, die wir hier nicht besprechen können, stets in die *normierte Gleichpunktform* umgewandelt. In der normierten Gleitpunktform einer Zahl ist A eine mit einem Vorzeichen versehene Ziffer zwischen 1 und 9. Für den Exponenten P gilt wiederum $-99 \leqslant P \leqslant 99$. Die betragsmäßig größte Zahl, die der Rechner verarbeiten kann, ist somit

$$9.999999999 \mathrm{IE} 99.$$

Ist in der normierten Gleitpunktform P > 99, so zeigt Ihnen der Rechner diesen sogenannten *"overflow"* in der Anzeige durch die Fehlermeldung ERROR2 oder ERROR9 an.

Die Bedeutung der einzelnen Fehlermeldungen entnehmen Sie bitte dem Bedienungshandbuch.

Ist in der normierten Gleitpunktform $P < -99$, so wird die Zahl zu Null gesetzt. Die betragsmäßig kleinste positive Zahl ist somit

$$1.\text{E} - 99 .$$

Alle rechnerinternen Zahlen besitzen zur Vermeidung von Rundungsfehlern (siehe Abschnitt 1.6) zwei Schutzstellen, d. h. ihre Mantissenlänge umfaßt nicht 1Ø, sondern 12 Ziffern. Bei eingegebenen Zahlen sind die Schutzstellen mit Ø besetzt.

Ausgabe von Zahlen

Rechnerinterne Zahlen werden im Anzeigefeld nach folgenden Regeln ausgegeben:

a) Rechnerinterne Zahlen werden vor der Ausgabe durch Rundung auf die Mantissenlänge 1Ø gekürzt.

b) Zahlen werden rechtsbündig angezeigt.

c) Positive Vorzeichen werden weggelassen.

d) Der Dezimalpunkt wird stets gesetzt.

e) Stimmt die gerundete rechnerinterne Zahl mit einer Dezimalzahl A.B überein, deren Mantissenlänge ohne führende Nullen vor dem Punkt und nachrangige Nullen nach dem Punkt nicht größer als 1Ø ist, so wird die Dezimalzahl A.B ohne Exponent angegeben. Im Fall $A = \emptyset$ zählt eine Null vor dem Komma zur Mantisse.

f) Trifft e) nicht zu, so wird die normierte Gleitpunktform mit 1Ø-stelliger Mantisse angegeben, wobei im Fall $P = \emptyset$ der Exponent weggelassen wird.

Beispiele: Bei den nachfolgenden Ein-Ausgabebeispielen wird die Weitergabe einer Zahl aus dem Eingaberegister an den Rechner durch die ENTER -Taste und die Löschung einer Zahl durch die CL -Taste nur beim ersten Beispiel mitgeschrieben, im weiteren dann weggelassen.

Eingabe	normierte Gleitpunktform	Ausgabe
CL Ø.Ø12E4 ENTER	$+ 1.2\emptyset\emptyset\emptyset\emptyset\emptyset\emptyset\emptyset\emptyset\text{E} + \emptyset2$	12Ø.
$- 123\text{E} - 8$	$- 1.23\emptyset\emptyset\emptyset\emptyset\emptyset\emptyset\emptyset\emptyset\text{E} - \emptyset6$	$- \emptyset.\emptyset\emptyset\emptyset\emptyset\emptyset123$
$- 12345\emptyset.\emptyset\text{E} - 8$	$- 1.2345\emptyset\emptyset\emptyset\emptyset\emptyset\text{E} - \emptyset3$	$- \emptyset.\emptyset\emptyset12345$
$- \emptyset.\emptyset\emptyset\emptyset123\text{E} - 8$	$- 1.23\emptyset\emptyset\emptyset\emptyset\emptyset\emptyset\emptyset\emptyset\text{E} - 12$	$- 1.23\text{E} - 12$
$.111222333444$	$+ 1.112223334\text{E} - \emptyset1$	$1.112223334\text{E} - \emptyset1$
$1\sqcup23$	$+ 1.23\emptyset\emptyset\emptyset\emptyset\emptyset\emptyset\emptyset\emptyset\text{E} + \emptyset2$	123.

Aufgabe 2: Die in der Tabelle aufgelisteten Zahlen sollen eingegeben werden. Überlegen Sie sich die normierte Gleitpunktform und die zu erwartende Ausgabe. Überprüfen Sie Ihre Ausgabeerwartung am Rechner.

Eingabe
Ø.3Ø3Ø3Ø3Ø3Ø
Ø.Ø3Ø3Ø3Ø3Ø3
5483
Ø.Ø5483E − 98
548.3E98

Aufgabe 3: Finden Sie den Fehler in dem folgenden Satz: Zahlen, deren Betrag größer 999999999 oder kleiner Ø.ØØØØØØØØØ1 ist, werden immer in der normierten Gleitpunktform angezeigt.

Bemerkung: Die normierte Gleitpunktform einer Zahl ist für verschiedene Rechnerfabrikate nicht einheitlich. Zum einen können sich die Mantissenlänge und der Bereich für den Zehnerexponenten unterscheiden, zum anderen kann in der normierten Form der Dezimalpunkt um eine Stelle nach links gesetzt sein.

1.3 Rechnen mit Zahlen und Funktionen

Für diesen Abschnitt ist der Rechner wieder auf RUN-Mode zu stellen.

Zwei reelle Zahlen a und b kann man durch Addition, Subtraktion, Multiplikation, Division und Exponentiation miteinander kombinieren. Solche Kombinationen können in das Eingaberegister des Rechners eingetippt werden. Die Zuordnung von Tasten zu mathematischen Operationen ist aus der folgenden Tabelle ersichtlich:

Mathematische Operation	Eingabe
a + b	A + B
a − b	A − B
a · b	A * B
$\frac{a}{b}$	A/B
a^b	A ∧ B

Bitte erinnern Sie sich, daß Sie die [SHIFT] -Taste drücken müssen, um das Symbol ∧ zu erreichen.

Gibt man eine Kombination von zwei Zahlen durch Drücken der [ENTER] -
Taste an den Rechner weiter, so wird das Ergebnis ausgerechnet und angezeigt.

Eingabe	Ausgabe
1.2 + 1.3	2.5
1.2 − 1.3	− Ø.1
1.2 * 1.3	1.56
1.2 / 1.3	9.23Ø769231E − Ø1
1.2 ∧ 1.3	1.267463962

Alle uns vertrauten Handrechnungen mit *mehr* als zwei Zahlen lassen sich
auch auf unserem Rechner durchführen, wobei die Rechenregeln, wie z. B.
Vorzeichenregeln oder Klammerregeln, erhalten bleiben. Bei der Übertragung
in Rechnerschreibweise können dabei allerdings Schwierigkeiten auftreten.
Die mathematisch unterschiedlichen Zahlenkombinationen

$$\frac{a}{b \cdot c} \quad \text{und} \quad \frac{a}{b} \cdot c$$

ergeben gleiche Rechnerausdrücke, nämlich A/B * C.
Unser Computer berechnet durch die Eingabe A/B * C den Wert $\frac{a}{b} \cdot c$. Um
auch den Wert $\frac{a}{b \cdot c}$ zu erhalten und um ähnliche Zweifelsfälle zu behandeln,
müssen wir dem Rechner mitteilen können, in welcher Reihenfolge er kompliziertere Zahlenkombinationen ausrechnen soll. Das Hilfsmittel hierzu liefert
uns die Mathematik selbst in Form der Klammerrechnung.
Tritt in einem Zahlenausdruck ein Klammerpaar auf, so wird zunächst der
Wert in dem Klammerpaar berechnet und der Ausdruck zwischen den Klammern durch diesen Wert ersetzt. Bei verschachtelten Klammerausdrücken
wird von innen nach außen gerechnet. Wir können also jetzt

$$\frac{a}{b \cdot c} \quad \text{und} \quad \frac{a}{b} \cdot c$$

unterscheiden durch

A/(B * C)   und   (A/B) * C .

Alle übrigen, sich aus den Rechenregeln für reelle Zahlen ergebenden Rang-
ordnungen bei der Auswertung von Zahlenkombinationen sind auch in Ihrem
Rechner gültig.
Die Verknüpfung reeller Zahlen durch +, −, *, / oder ∧ wollen wir von nun
an einen *arithmetischen Ausdruck* nennen.
Der Rechner richtet sich bei der Auswertung eines eingetippten, im Eingaberegister stehenden arithmetischen Ausdruckes nach der in der folgenden
Tabelle angegebenen *Priorität*. Mathematische Operationen aus einer Gruppe
mit niedriger Priorität werden vor Operationen mit höherer Priorität ausgeführt.

Priorität	Mathematische Operation
1	Klammern ( )
2	Exponentiation ∧
3	Berücksichtigung der Vorzeichen +, −
4	Multiplikation * und Division /
5	Addition + und Subtraktion −

Es wurde bereits erwähnt, daß mit A/B * C der Ausdruck $\frac{a}{b} \cdot c$ berechnet wird. Mehrere nebeneinander stehende Multiplikationen und Divisionen arbeitet der Rechner von links nach rechts ab. Die mehrfache Exponentiation wird dagegen von rechts nach links berechnet, d.h. es ist A∧B∧C = A∧(B∧C). Einen arithmetischen Ausdruck sollten Sie daher immer so schreiben, daß es für Sie bezüglich der Auswertung keinen Zweifel gibt. Ein zuviel gesetztes Klammerpaar schadet nicht, ein vergessenes Klammerpaar kann aber zu nicht beabsichtigten Rechnungen führen.

In mathematischen Formeln kann vor Klammern der Multiplikationspunkt weggelassen werden, dagegen muß in arithmetischen Ausdrücken an diesen Stellen das Symbol * immer gesetzt werden. Schließlich bedenken Sie bitte, daß die Exponentiation A ∧ B bei nicht ganzzahligem Exponenten B nur für positive Basis A definiert ist.

Ist der Rechner aufgrund eines Regelverstoßes nicht in der Lage, einen eingegebenen arithmetischen Ausdruck auszuwerten, so erfolgt die Fehlermeldung ERROR1 oder ERROR2.

Beispiele:

Mathematischer Ausdruck	Arithmetischer Ausdruck	Ausgabe
$\frac{7}{2}$	7/2 (2 + 3)	ERROR 1
$\frac{7}{2}$ (2 + 3)	7/2 * (2 + 3)	17,5
$\frac{7}{2(2+3)}$	7/(2 * (2 + 3))	0.7
$\frac{7}{2(2+3)}$	7/2/(2 + 3)	0.7
$\frac{4}{3}\pi\,(1.25^3 - 0.75^3)$	4/3 * π * (1.25 ∧ 3 − 0.75 ∧ 3)	6.414085001
0.5−0.2(0.3+0.1(07−0.9))	0.5−0.2*(0.3+0.1*(0.7−0.9))	0.444
$2^2 - 3^2$	2 ∧ 2 − 3 ∧ 2	− 5.
$2\,(2-3)^2$	2 * (2 − 3) ∧ 2	2.
$2\,(3-2)^2$	2 * (3 − 2) ∧ 2	2.
$-0.5^{3-\pi}$	− 0.5 ∧ (3 − π)	− 1.103122228
$-0.5^3 - \pi$	− 0.5 ∧ 3 − π	− 3.266592654
$(-0.5)^{0.5} - \pi$	(− 0.5) ∧ 0.5 − π	ERROR 2

Aufgabe 4: Berechnen Sie den Funktionswert

$$y = \left[\frac{2}{\kappa - 1} \left(1 - x^{\frac{\kappa - 1}{\kappa}} \right) \right]^{1/2}$$

für $\kappa = 1.4$ und $x = 0.75$.

Aufgabe 5: Ein beiderseits gelenkig geführter Stab ist bis zur Kraft

$$F_K = \frac{\pi^2 E I}{l^2}$$

belastbar ohne auszuknicken. Für einen quadratischen Querschnitt ist $I = \frac{1}{12} \cdot a^4$, für Stahl ist $E = 2.1 \cdot 10^7$ N/cm^2. Berechnen Sie die Knickkraft für $a = 3.5$ cm und $l = 150$ cm.

Hat Ihr Computer einen arithmetischen Ausdruck ausgerechnet und das Ergebnis angezeigt, so können Sie mit der ausgegebenen Zahl direkt weiterrechnen. Auf diese Art und Weise kann man Zwischenergebnisse berechnen. Bei derartigen fortlaufenden Rechnungen dürfen Sie natürlich nicht die $\boxed{\text{CL}}$-Taste drücken. Bitte denken Sie auch daran, daß bei jeder Ausgabe einer rechnerinternen Zahl die beiden Schutzstellen (siehe Abschnitt 1.2) verlorengehen.

Beispiel: Volumen und Masse einer Kugel vom Radius $r = 11.32$ cm und Dichte $\rho = 7.5$ g/cm^3 sollen angegeben werden. Es gilt

$$V = \frac{4}{3} \pi r^3 \quad \text{und} \quad m = \rho \cdot V$$

Eingabe	Ausgabe
4/3 * π * 11.32 $\wedge$ 3 $\boxed{\text{ENTER}}$	6076.141651
* 7.5 $\boxed{\text{ENTER}}$	45571.06238

$$V = 6.076 \text{ dm}^3 \qquad m = 45.571 \text{ kg}$$

Beispiel: Die Berechnung von 100/3-33 liefert unterschiedliche Ergebnisse, je nachdem man das Zwischenergebnis 100/3 anzeigen läßt oder nicht.

Eingabe	Ausgabe
100/3-33 $\boxed{\text{ENTER}}$	3.333333333E-01
100/3 $\boxed{\text{ENTER}}$	33.33333333
-33 $\boxed{\phantom{\text{ENTER}}}$	0.33333333

Die unterschiedlichen Ergebnisse kommen dadurch zustande, daß beim zweiten Mal die beiden Schutzstellen wegfallen.

Programmierbare und nicht-programmierbare Rechner sind zumeist in der Lage, gewisse mathematische Standardfunktionen direkt berechnen zu können.

Diese Möglichkeit ersetzt die umfangreichen Funktionstafeln, aus denen man bis vor nicht allzu langer Zeit Werte für spezielle Funktionen heraussuchen mußte. Die in Ihrem Rechner zur Verfügung stehenden *Grundfunktionen* können wie Zahlen in arithmetische Ausdrücke eingebaut werden. Die Argumente X der Funktionen dürfen selbst wieder arithmetische Ausdrücke sein, so daß ohne Schwierigkeiten ineinander verschachtelte Funktionen ausgewertet werden können.

Die nachfolgende Tabelle zeigt Ihnen, welche Grundfunktionen im SHARP-Computer aufgerufen werden können. Bitte achten Sie bei den Winkelfunktionen stets darauf, daß der zu der vorliegenden Winkeleinheit zugehörige Betriebszustand DEG, RAD oder GRAD eingestellt ist (siehe Abschnitt 1.1). Dies wird oft vergessen und ist eine der Hauptursachen für falsche Ergebnisse.

Mathematische Funktion	Eingabe	Bedeutung	Bemerkung
$\sqrt{x}$	$\sqrt{}$(X)	Quadratwurzel	$X \geqslant \emptyset$
e^x	EXP(X)	Exponentialfunktion	
$\ln x$	LN(X)	Natürlicher Logarithmus	$X > \emptyset$
$\log_{10} x$	LOG(X)	Zehnerlogarithmus	$X > \emptyset$
$\sin x$	SIN(X)	Sinusfunktion	⎫
$\cos x$	COS(X)	Cosinusfunktion	Betriebszustand DEG, RAD, GRAD
$\tan x$	TAN(X)	Tangensfunktion	⎭
$\arcsin x$	ASN(X)	Arcussinusfunktion	$-1 \leqslant X \leqslant 1$, $-\frac{\pi}{2} \leqslant ASN(X) \leqslant \frac{\pi}{2}$ falls RAD
$\arccos x$	ACS(X)	Arcuscosinusfunktion	$-1 \leqslant X \leqslant 1$, $\emptyset \leqslant ACS(X) \leqslant \pi$ falls RAD
$\arctan x$	ATN(X)	Arcustangensfunktion	$-\frac{\pi}{2} < ATN(X) < \frac{\pi}{2}$ falls RAD
$[x]$	INT(X)	Größte ganze Zahl $\leqslant X$	
$\operatorname{sgn} x$	SGN(X)	Vorzeichenfunktion	
$|x|$	ABS(X)	Betragsfunktion	

Besteht das Argument X aus einer einzelnen Zahl, so kann bei der Eingabe die Klammerung entfallen. Dies ist auch in anderen Sonderfällen möglich, die ich hier aber bewußt unterschlage. Erinnern Sie sich daran, daß Klammerung immer zulässig ist und die Übersichtlichkeit erhöht.

Beim PC-1401 sind wesentlich mehr mathematische Funktionen direkt aufrufbar (siehe Bedienungsanleitung). Besteht ein arithmetischer Ausdruck nur aus einem einzigen Funktionsaufruf für eine Zahl X, z. B. $\boxed{\ln}$ 2, so dürfen Zahl und Funktion beim PC-1401 vertauscht werden, also $2\boxed{\ln}$. In arithmetischen Anweisungen (vgl. Abschnitt 1.4) ist diese Vertauschung aber unzulässig.

10

Beispiel: Die Katheten eines rechtwinkligen Dreiecks seien 3.673 cm und 7.851 cm lang. Zu berechnen ist die Hypothenuse.

Mathematische Formel	Eingabe	Ausgabe
$c = \sqrt{a^2 + b^2}$	$\sqrt{}$ (3.673 ∧ 2 + 7.851 ∧ 2)	8.667706155

c = 8.668 cm

Beispiel: Nach dem Cosinussatz gilt für die Seiten eines Dreiecks $a^2 = b^2 + c^2 - 2bc \cdot \cos\alpha$.

Zu berechnen ist a für b = 5.32 cm, c = 3.78 cm und $\alpha = 41°$.

Eingabe	Ausgabe
DEGREE $\sqrt{}$ (5.32 ∧ 2 + 3.78 ∧ 2 − 2 * 5.32 * 3.78 * COS 41)	DEG (oben) 3.498140142

a = 3.50 cm

Beispiel: Für die Phasenverschiebung einer erzwungenen Schwingung ist die Funktion

$$y = \arctan \frac{2\,\vartheta\,x}{1 - x^2}$$

auszuwerten. Es sei $\vartheta = 2.14$ und x = 1.123.

Eingabe	Ausgabe
RADIAN ATN (2 * 2.14 * 1.123/(1 − 1.123 ∧ 2))	RAD (oben) − 1.516520702

y = − 1.5165 in Bogenmaß.

Beispiel: Ein reelles Intervall [a, b] wird in n gleichlange Teilintervalle unterteilt. Für eine vorgegebene Zahl $x \in$ [a, b] ist das zugehörige Teilintervall gesucht. Es sei a = 1, b = 3, n = 50 und x = 2.179.

Eingabe	Ausgabe
INT ((2.179 − 1)/((3 − 1)/50))	29.
1 + 29 * (3 − 1)/50	2.16
+ (3 − 1)/50	2.2

$x \in$ [2.16, 2.2]

In einigen mathematischen Formeln treten Grundfunktionen auf, die nur im PC-1401 vorhanden sind, z.B. hyperbolische Funktionen und Areafunktionen. Diese Funktionen lassen sich aber durch einen arithmetischen Ausdruck mit Hilfe der vorhandenen Funktionen darstellen. Die zu wählenden arithmetischen Ausdrücke entnehmen Sie bitte einer Formelsammlung.

Beispiel: Zu berechnen ist

$$\text{arsinh } x = \ln (x + \sqrt{x^2 + 1})$$

für $x = \pi/2$.

Eingabe	Ausgabe
LN $(\pi/2 + \sqrt{((\pi/2) \wedge 2 + 1)})$	1.233403118

Die Arcusfunktionen ergeben im Betriebszustand DEG die Winkel als Dezimalzahlen. Ihr Rechner bietet die Möglichkeit, die Nachkommastellen in Minuten und Sekunden anzugeben. Umgekehrt lassen sich Minuten und Sekunden als Dezimalzahl darstellen.

Beispiel: Der Winkel $35,3789^\circ$ soll in Grad, Minuten und Sekunden umgewandelt werden:

Eingabe	Ausgabe	Bemerkung
DMS 35.3789	35.224404	35° 22' 44.04''

Beispiel: Der Winkel $72^\circ 13' 45''$ soll als Dezimalzahl dargestellt werden:

Eingabe	Ausgabe	Bemerkung
DEG 72.1345	72.22916667	72.22916667°

Bei nicht auswertbaren Funktionen bzw. arithmetischen Ausdrücken mit Funktionen zeigt Ihr Rechner wiederum die Fehlermeldung

ERROR 2

an.

Aufgabe 6: Berechnen Sie die folgenden mathematischen Ausdrücke für $x = 0.5$. Winkel sind in Bogenmaß einzugeben.

a) $4 \cos^3 x - 3 \cos x$

b) $\dfrac{1}{2} \ln \dfrac{x + 1}{x - 1}$

c) $\dfrac{e^{2x} - 1}{e^{2x} + 1}$

d) $\ln \tan \left(\dfrac{x}{2} + \dfrac{\pi}{4} \right)$

e) $\dfrac{x}{2} \sqrt{1 - x^2} + \dfrac{1}{2} \arcsin x$

f) $\dfrac{x^5}{5} \cdot (\ln x - \dfrac{1}{5})$

1.4 Speicher und Variable

Auch in diesem Abschnitt stellen Sie bitte den RUN-Mode ein. Bei unseren bisherigen Rechnungen war es nicht möglich, Zwischenergebnisse oder Endergebnisse im Rechner festzuhalten und ohne Löschung vorangegangener Zahlen weitere arithmetische Ausdrücke auszuwerten. Dieses Handikap wird durch die Speichermöglichkeit von Zahlen behoben.

Alle hier behandelten Rechner besitzen 26 feste *Speicher*, in die Zahlen oder Texte hineingeschrieben werden können. Wollen wir einen bestimmten Speicher mit einer Zahl belegen, so müssen wir ihn identifizieren und ansprechen können. Zu diesem Zweck erhalten die 26 Speicher unterschiedliche *Namen*, nämlich die 26 Buchstaben des Alphabets A, B, C, ... , Z. Die Speichernamen heißen *Variable*. Diese Bezeichnung sagt aus, daß Variable im Rechner genau wie in der Mathematik Platzhalter für noch zu wählende Zahlen sind. Bei den Rechnern PC-1260/61, PC-1350 und PC-1401 darf ein Variablenname auch aus zwei Buchstaben oder aus einem Buchstaben und einer Zahl bestehen.

Die Belegung eines Speicherplatzes, also die Zuordnung einer Zahl zu einer Variablen, erfolgt mit Hilfe des Gleichheitszeichens und wird *arithmetische Anweisung* genannt. Eine arithmetische Anweisung hat die allgemeine Form

| Variable = arithmetischer Ausdruck [ENTER]

und besagt, daß in den zur Variablen gehörenden Speicherplatz der Wert des arithmetischen Ausdrucks *ohne* die rechnerinternen Schutzstellen hineingeschrieben wird. Das Ergebnis des arithmetischen Ausdrucks wird gleichzeitig ausgegeben.

Der Inhalt eines zu einer Variablen gehörenden Speicherplatzes kann durch

| Variable [ENTER]

in das Eingaberegister gebracht werden.

Beispiel:

Arithmetische Anweisung	Ausgabe
A = 3 * SIN (π/4) − 4 * COS (3 + π/4)	5.32$\emptyset$589633
A = $\emptyset$.712	$\emptyset$.712

Durch A [ENTER] erhalten wir den Wert $\emptyset$.712, also die zuletzt der Variablen A zugeordnete Zahl. Wir erkennen hieran, daß eine arithmetische Anweisung eine vorangegangene Speicherbelegung überschreibt und es nicht erforderlich ist, Zahlen in Speichern zunächst zu löschen. Trotzdem ist die Löschung von Speicherbelegungen vorgesehen. Der Befehl

CLEAR [ENTER]

ordnet *allen* Variablen den Wert $\emptyset$ zu.

Variable können wie Zahlen in arithmetische Ausdrücke eingebaut werden. Wir erhalten hierdurch die Möglichkeit, allgemeine Formeln als arithmetische Anweisungen in den Rechner einzugeben. Hierbei ist stets darauf zu achten, daß auf der linken Seite des Gleichheitszeichens nur eine einzelne Variable steht. Eine solche arithmetische Anweisung wird folgendermaßen ausgewertet: In den arithmetischen Ausdruck werden die den Variablen zugeordneten Zahlen eingesetzt, der arithmetische Ausdruck wird ausgewertet, das Ergebnis wird der Variablen auf der linken Seite zugeordnet und gleichzeitig ausgegeben.

Beispiel:

Arithmetische Anweisung	Ausgabe
A = 3.7126	3.7126
B = 8.0025	8.0025
C = $\sqrt{(A * A + B * B)}$	8.821757479

An dieser Stelle ist es besonders wichtig zu erkennen, daß arithmetische Anweisungen Speicherplatzbelegungen sind und keine Gleichungen in mathematischem Sinne. Ist A = 3 und B = 4, so ist die mathematische Gleichung A = B falsch, dagegen ordnet die arithmetische Anweisung A = B der Variablen A den Wert der Variablen B, also 4, zu. Insbesondere sind arithmetische Anweisungen der Art A = A + 1 zulässig und treten, wie wir noch sehen werden, bei der Programmierung besonders häufig auf.

Beispiel: Für q = 0.5 soll

$$s = 1 + q + q^2 + q^3 + q^4 + q^5 = 1 + q(1 + q(1 + q(1 + q(1 + q))))$$

berechnet werden.

Eingabe	Ausgabe
Q = 0.5	0.5
S = 1 + Q	1.5
S = Q * S + 1	1.75
S = Q * S + 1	1.875
S = Q * S + 1	1.9375
S = Q * S + 1	1.96875

s = 1.96875

Beispiel: Die Lösungen einer quadratischen Gleichung

$$x^2 + ax + b = 0$$

berechnen sich durch

$$x_1 = -\frac{a}{2} + \sqrt{\frac{a^2}{4} - b}, \qquad x_2 = -\frac{a}{2} - \sqrt{\frac{a^2}{4} - b}.$$

14

Die Lösungen sollen für a = ∅.73 und b = −1.27 angegeben werden.

Eingabe	Ausgabe
A = ∅.73	∅.73
B = −1.27	−1.27
D = $\sqrt{(A * A/4 - B)}$	1.184577984
X = −A/2 + D	∅.819577984
Y = −A/2 − D	−1.549577984

x_1 = ∅.819577984 x_2 = −1.549577984

Um falsche Rechenergebnisse zu vermeiden, achten Sie bitte darauf, daß Sie in arithmetische Ausdrücke nur Variable einsetzen, denen Sie vorher einen Wert zugeordnet haben.

Ein Speicher kann nicht nur mit einer Zahl, sondern auch mit einem Text belegt werden. In diesem Fall ist hinter der Variablen das Dollarzeichen $ anzufügen. Die Anweisung für Textvariable hat die Form

| Textvariable = "Text" [ENTER] .

Der Inhalt eines Textspeichers wird durch

| Textvariable [ENTER]

linksbündig angezeigt. Der in einer Textvariablen gespeicherte Text darf bis zu 7 Zeichen lang sein. Eine Ausnahme bilden die aus 2 Zeichen bestehenden Textvariablen in den Rechner PC-1260/61, PC-1401 und PC-1350, die bis zu 16 Zeichen speichern können.

Beispiel:

Eingabe	Ausgabe
A$ = "SHARP"	SHARP
A$ [ENTER]	SHARP

Eine Textvariable darf nicht in einen arithmetischen Zahlenausdruck eingesetzt werden.

Aufgabe 7: Welche der folgenden arithmetischen Anweisungen sind für A = 1 ausführbar? Aus welchen Gründen sind einige Anweisungen nicht ausführbar?

Eingabe
B = $\sqrt{(1 - SIN (2 * A))}$
B = $\sqrt{(1 - 2 * A)}$
B/2 = A
B = 2 * A
EXP (B) = A
B = LN (A)
BAE = A − 2

Aufgabe 8: Für eine konische Welle, die mathematisch durch Rotation der Geraden $y = \frac{d}{2} + \frac{D-d}{2l} \cdot x$ um die x-Achse beschrieben wird, erhält man für das Volumen V und den Schwerpunkt x_s die Formeln

$$V = \frac{\pi l}{12}(D^2 + Dd + d^2) \qquad x_s = \frac{\pi}{V} \frac{l^2}{48}(3D^2 + 2Dd + d^2).$$

Geben Sie mit Hilfe arithmetischer Anweisungen für den Fall D = 1.25 m, d = $\emptyset$.75 m und l = 18.75 m Volumen und Schwerpunkt an.

Aufgabe 9: Die Fakultätszahlen n! sollen für n = 1, 2, ..., 1$\emptyset$ mit möglichst geringem Rechenaufwand in zehn Speicherplätze eingelesen werden.

Aufgabe 10: Berechnen Sie mit möglichst geringem Rechenaufwand

$$s = \sum_{i=1}^{5} \frac{(i!)^2}{(2i)!}.$$

Gegenüber dem PC-1401 haben die übrigen Rechner den folgenden Nachteil:

Bei der manuellen Rechnung können Zwischenergebnisse nur für die Grundrechenarten, nicht aber als Argumente für Grundfunktionen verwendet werden. Diese gravierende Einschränkung kann leicht dadurch aufgehoben werden, daß arithmetische Ausdrücke als arithmetische Anweisungen eingegeben werden und dann mit den Variablen weitergerechnet wird.

Beispiel:

Eingabe	Ausgabe
A = π/2	1.57$\emptyset$796327
A = SIN(A)	1.

1.5 Fehlerbehandlung

Es kommt sehr häufig vor, daß eingegebene arithmetische Ausdrücke oder arithmetische Anweisungen nicht das gewünschte Ergebnis liefern, also fehlerhaft sind. Wir haben bereits gesehen, daß ein vom Rechner nicht ausführbarer arithmetischer Ausdruck zu einer *Fehlermeldung* ERROR 2 führt. Weiterhin wissen wir schon, daß bei einem unzulässigen Variablennamen auf der linken Seite einer arithmetischen Anweisung keine Speicherbelegung erfolgt und $\emptyset$ oder ERROR 1 angezeigt wird. Schließlich kann es passieren, daß ein arithmetischer Ausdruck zwar ausgewertet wird, aber nicht die erwartete Zahl erscheint. Derartige Fehler sind nicht vom Rechner feststellbar. Man kann sie erkennen, indem man für den arithmetischen Ausdruck eine grobe Überschlagsrechnung durchführt. Die Fehlerursache liegt zumeist darin, daß die in Abschnitt 1.3 beschriebene Reihenfolge für die Auswertung arithmetischer Ausdrücke nicht beachtet worden ist.

Beispiel: Es soll $y = e^{\emptyset.5 + x}$ für $x = 1.75$ berechnet werden. Eine Überschlagsrechnung ergibt z. B. den Wert 1∅.

Eingabe	Ausgabe
Y = EXP (∅,5 + 1,75)	ERROR 9
Y = EXP ∅.5 + 1.75)	ERROR 1
YPS = EXP (∅.5 + 1.75)	∅.
Y = EXP ∅.5 + 1.75	3.398721271
Y = EXP (∅.5 + 1.75)	9.487735836

Um eine fehlerhaft arithmetische Anweisung korrigieren zu können, müssen wir sie zuerst in das Eingaberegister zurückrufen. Dies geschieht, indem man eine der Cursor-Tasten ▶ oder ◀ drückt. Der Cursor steht dann hinter dem letzten Zeichen des Ausdrucks oder kennzeichnet eine mögliche Fehlerquelle. Natürlich kann man sich auch korrekte Anweisungen ansehen. In diesem Fall steht nach ▶ der Cursor auf dem 1. Zeichen und nach ◀ hinter dem letzten Zeichen des Ausdrucks.

Beispiel:

Eingabe	Ausgabe
Y = $\sqrt{(1.5 - 3.2)}$	ERROR 2
▶	Y = $\sqrt{(1.5 - 3.2)}$ _

In Abschnitt 1.1 haben Sie gelernt, daß der Cursor nach links und rechts verschiebbar und ein in der jeweiligen Cursorposition stehendes Zeichen überschreibbar ist. Wir korrigieren daher ein falsch eingegebenes Zeichen dadurch, daß wir den Cursor auf die Fehlerstelle bringen und das richtige Zeichen einsetzen.

Beispiel:

Eingabe	Ausgabe
Y = COS (∅.345 + π)	ERROR 1
▶	Y = COS ■ ∅.345 + π)
(	Y = COS(■.345 + π)
ENTER	− 9.41∅754526E − ∅1

Neben falschen Zeichen kann es als Fehlerursache auch vergessene oder zuviel gesetzte Zeichen geben, zumeist in Form von Vorzeichen, Multiplikationszeichen oder Klammern.

Zur Fehlerkorrektur in diesen Fällen dienen die Zweitbelegungen der Cursor-Tasten.

Die Taste $\boxed{\text{DEL}}$ löscht das Zeichen, das durch den Cursor markiert wird. Die Lücke wird zugleich geschlossen, indem alle rechts vom Cursor stehenden Zeichen um eine Stelle nach links geschoben werden.

Die Taste $\boxed{\text{INS}}$ erzeugt eine Lücke von einem Zeichen dadurch, daß alle rechts vom Cursor stehenden Zeichen einschließlich des Zeichens, das durch den Cursor markiert wird, um eine Stelle nach rechts geschoben werden. In diese Lücke kann ein fehlendes Zeichen eingegeben werden.

Beispiel:

Eingabe	Ausgabe
A = √⁻ Ø.25 ▶ ◀ ◀ ◀ ◀ ◀ ◀ −√ ENTER	ERROR 2 A = √⁻ Ø.25 _ A = ■ − Ø.25 A = −√■.25 − Ø.5

Beispiel: Der arithmetische Ausdruck 1.4 ∧ 2.75 soll berechnet und dann in eine arithmetische Anweisung umgeformt werden.

Eingabe	Ausgabe
1.4 ∧ 2.75 ▶ INS INS A = ENTER	2.522621531 ■.4 ∧ 2.75 ■ ⊏ 1.4 ∧ 2.75 A = ■.4 ∧ 2.75 2.522621531

Eine arithmetische Anweisung kann natürlich auch korrigiert werden, indem man die $\boxed{\text{CL}}$-Taste drückt und die gesamte Anweisung neu schreibt.

Aufgabe 11: Wie kann das Wort ASCHENBECHER mit minimalen Buchstabenänderungen in das Wort TASCHENRECHNER umgewandelt werden?

1.6 Rundungsfehler

Auf den folgenden Seiten werden keine neuen Bedienungshinweise für Ihren Rechner dargestellt, sondern Sie sollen erkennen, daß Sie sich auf die vom Rechner ausgegebenen Zahlen nicht grundsätzlich verlassen können.

Ein Computer kann nicht exakt rechnen, daran sollte man stets denken.

In Abschnitt 1.2 haben Sie gelernt, daß die in den Rechner eingegebenen Zahlen die Mantissenlänge 1Ø haben. Zu lange Zahlen werden durch Rundung verkürzt. In Abschnitt 1.4 wurde dargestellt, daß gespeicherte Zahlen ebenfalls die Mantissenlänge 1∅ besitzen. Dagegen werden alle Rechnungen mit zwei Schutzstellen ausgeführt. Bei der Eingabe von Zahlen und bei nachfolgenden Rechnungen treten also Rundungsfehler auf. Wir wollen uns zunächst um die Größenordnung der Eingabefehler kümmern.

Eine reelle Zahl a wird durch die Anweisung A = a in einen Datenspeicher gebracht. Der Fehler

$$|A - a|$$

heißt *absoluter Fehler,* der Ausdruck

$$\frac{|A - a|}{|A|}$$

heißt *relativer Fehler.*

Für eine 13-ziffrige Zahl a ist die normierte Gleitpunktdarstellung

$$a = a_1 . b_1 b_2 b_3 b_4 b_5 b_6 b_7 b_8 b_9 b_{10} b_{11} b_{12} \, \mathsf{E}p \, .$$

Die Speicherzahl A ist dann

$$A = a_1 . b_1 b_2 b_3 b_4 b_5 b_6 b_7 b_8 b_9 \, \mathsf{E}p \, .$$

Für den absoluten Fehler erhalten wir

$$|A - a| = |∅.000000000 b_{10} b_{11} b_{12}| \, \mathsf{E}p < ∅.000000001 \mathsf{E}p \, ,$$

also

$$|A - a| < \mathsf{E} \, (p - 9) \, .$$

Teilt man diese Ungleichung durch $|A|$, so erhält man wegen $|A| \geqslant \mathsf{E}p$

$$\frac{|A - a|}{|A|} < \frac{\mathsf{E} \, (p - 9)}{\mathsf{E}p} \, ,$$

also

$$\frac{|A - a|}{|A|} < \mathsf{E} - 9 \, .$$

Der relative Eingabefehler einer Zahl ist unabhängig von der Größenordnung und kleiner als $\mathsf{E} - 9$.

Beispiel: $\quad a = 1.000000000999, \, A = 1. \qquad \dfrac{|A - a|}{|A|} = 9.99\mathsf{E} - 1∅$

Beispiel: $\quad a = 1/3, \, A = 3.333333333\mathsf{E} - ∅1 \qquad \dfrac{|A - a|}{|A|} = 9.9\mathsf{E} - 11$

Beispiel: $\quad a = \pi, \, A = 3.141592654 \qquad \dfrac{|A - a|}{|A|} = 1.3\mathsf{E} - 1∅$

Werden Zahlen oder Variable, denen eine Zahl zugeordnet worden ist, in arithmetische Ausdrücke eingesetzt, so bewirken die Eingabefehler bei der

Berechnung des Ausdrucks einen Ergebnisfehler. Den Einfluß der Eingabefehler auf das Ergebnis nennt man *Fehlerfortpflanzung.*

Man möchte nun möglichst erreichen, daß die Ergebnisfehler dieselbe Größenordnung wie die Eingabefehler haben und berücksichtigt zu diesem Zweck bei
allen Rechnungen zwei Schutzstellen. Bis auf eine Ausnahme reicht diese
Maßnahme für die Grundrechenarten und Grundfunktionen in der Regel aus,
um die Ergebnisfehler kleiner als $E - 9$ zu halten. Die Ausnahme bildet die
Subtraktion fast gleichgroßer Zahlen. Die dort auftretende Problematik
wollen wir uns zunächst an zwei Beispielen ansehen.

Beispiel: Die Brüche

$$\frac{1}{1.2 - 1.1} \quad \text{und} \quad \frac{E - 99}{1.2E - 99 - 1.1E - 99}$$

ergeben in beiden Fällen den Wert 1Ø. Für die entsprechenden arithmetischen
Ausdrücke erhält man dagegen:

Eingabe	Ausgabe
$1/(1.2 - 1.1)$	1Ø.
$E - 99/(1.2E - 99 - 1.1E - 99)$	ERROR 2

Die Differenz $1.2E - 99 - 1.1E - 99$ ist kleiner als die kleinste positive
Rechnerzahl und wird deswegen Ø gesetzt, d.h. die Differenz wird mit dem
relativen Fehler 1 berechnet. Da durch Ø nicht geteilt werden darf, erfolgt
eine Fehlermeldung.

Beispiel: Die quadratische Gleichung

$$x^2 - (3 \cdot 1\emptyset^P + \frac{1}{3} \cdot 1\emptyset^{-P}) \, x + 1 = \emptyset$$

hat für eine ganze Zahl p die Lösungen

$$y = 3 \cdot 1\emptyset^P \quad \text{und} \quad z = \frac{1}{3} \cdot 1\emptyset^{-P} \, .$$

Wir berechnen y und z mit Hilfe der Lösungsformeln für $x^2 + ax + b = \emptyset$:

$$y = -C + D \quad \text{und} \quad z = -C - D \quad \text{mit} \quad C = \frac{A}{2} \quad \text{und} \quad D = \sqrt{C * C - B}.$$

Die Rechnungen ergeben für $p = \emptyset$, 2, 4 und 6 folgende Ergebnisse und ge-
rundeten relativen Fehler:

p	Y	$\dfrac{\lvert Y - y\rvert}{\lvert Y\rvert}$	Z	$\dfrac{\lvert Z - z\rvert}{\lvert Z\rvert}$
Ø	3.ØØØØØØØØ1	$3.3E - 1\emptyset$	Ø.333333333	$E - 9$
2	3ØØ.ØØØØØØ1	$3.3E - 1\emptyset$	Ø.ØØ33333	$E - 5$
4	3ØØØØ.ØØØØ1	$3.3E - 1\emptyset$	Ø.ØØØØ3	$1.1E - 1$
6	3ØØØØØØ.	Ø.	Ø.	1.

Die Tabelle zeigt, daß der relative Fehler für y unabhängig von p ist, der für z dagegen mit p stark anwächst. Die Formel für Z unterscheidet sich von der Formel für Y nur dadurch, daß die Zahlen − C und D nicht addiert, sondern subtrahiert werden. Mit wachsendem p stimmen beide Zahlen in immer mehr Stellen überein.

Das Phänomen der großen Rundungsfehler bei der Subtraktion fast gleichgroßer Zahlen wollen wir genauer untersuchen: Zwei reelle Zahlen a und b mögen in den ersten k Ziffern übereinstimmen. Dann stimmen auch die zugehörigen Rechnerzahlen A und B in den ersten k Ziffern überein. Die gesuchte Zahl c = a − b wird berechnet durch C = A − B. Bei der Differenzbildung heben sich die ersten k Stellen weg und in der normierten Gleitpunktform wird der Dezimalpunkt um k Stellen nach rechts verschoben. Da A und B die Mantissenlänge $1\emptyset$ haben, hat C die Mantissenlänge $1\emptyset - k$. Die reelle Zahl c wird also durch eine Rechnerzahl C mit verkürzter Mantisse dargestellt. Dieselbe Überlegung wie beim relativen Fehler für die Eingabedaten führt jetzt mit der kürzeren Mantisse auf den relativen Fehler für das Ergebnis:

$$\frac{|C - c|}{|C|} < E - 9 \cdot Ek = E(k - 9)$$

Bei der Subtraktion zweier Zahlen, die in den ersten k Ziffern übereinstimmen, ist der relative Fehler des Ergebnisses im ungünstigsten Fall um das $1\emptyset^k$-fache größer als die relativen Eingabefehler.

Numerische Rechnungen, bei denen die relativen Fehler der Ausgabedaten die relativen Fehler der Eingabedaten um Zehnerpotenzen überschreiten, heißen *schlecht konditioniert*. Bei fast allen schlecht konditionierten Problemen werden an irgendeiner Stelle zwei Zahlen subtrahiert, die in mehreren Stellen übereinstimmen. Lineare Gleichungssysteme, bei denen die Determinante der Koeffizientenmatrix sehr klein ist, sind ein Beispiel für größere schlecht konditionierte Probleme.

Die Untersuchung von Rundungsfehlern soll Ihnen zeigen, daß man gerade bei unübersichtlichen längeren Rechnungen die Ergebnisse nicht kritiklos übernehmen darf, sondern sie mit den Zahlen grober Überschlagsrechnungen oder mit Meßdaten vergleichen muß. Tritt hierbei eine zu große Abweichung auf, ohne daß ein formaler Fehler bei der Rechnung gemacht wurde, so ist die Aufgabe schlecht konditioniert.

Viele Aufgaben können auf verschiedenen Lösungswegen gelöst werden. Wählen Sie immer den Weg, bei dem die Subtraktion fast gleichgroßer Zahlen ausgeschlossen wird.

Beispiel: Für die Nullstellen y, z einer quadratischen Gleichung

$$x^2 + ax + b = \emptyset$$

gilt y · z = b. In unserem vorangegangenen Beispiel können wir Z durch Z = 1/Y berechnen. Die Rundungsfehler für Z bewegen sich jetzt für alle p im Rahmen der Eingabefehler.

Aufgabe 12: Berechnen Sie die Zahl H aus der Formel

$$H = \frac{1}{D\left(D - \sqrt{D^2 - d^2}\right)}$$

für $D = 6\,\mathbf{E}\,p$ und $d = \frac{1}{6}\,\mathbf{E} - p$ mit $p = \emptyset, 1, 2$.

H kann man im Rahmen der Rechnergenauigkeit auch nach der Formel

$$H = \frac{2}{d^2}\left(1 - \frac{d^2}{4D^2} - \frac{d^4}{16\,D^4}\right)$$

berechnen. Welche Formel ist günstiger? Wie groß ist der relative Fehler?

Bemerkung: Andere Rechner haben eventuell eine andere Mantissenlänge in der normierten Gleitpunktform. Ist die Mantissenlänge m, so ist der relative Eingabefehler einer Zahl kleiner als 10^{-m+1}.

2 Lineares BASIC

Die manuellen Rechnungen mit einem Taschenrechner sind entscheidend schneller ausführbar als der früher übliche Umgang mit Funktionstafeln und Rechenschiebern. In vielen Fällen ist aber auch das manuelle Rechnen äußerst mühsam und langwierig. Die erforderlichen Rechnungen sind häufig sogar derart umfangreich, daß das Problem in vernünftiger Zeit von Hand nicht lösbar ist.

Beispiel: Die Funktion $y = \frac{1}{2} (e^x + e^{-x})$ soll für verschiedene x-Werte berechnet werden. Bei der manuellen Rechnung muß für jeden x-Wert die arithmetische Anweisung

$Y = \emptyset.5 * (EXP(X) + EXP(-X))$

neu eingetippt werden. Hat man z.B. $1\emptyset\emptyset$ verschiedene x-Werte, so ist die Handrechnung keine sinnvolle Lösungsmethode.

Die angesprochene Problematik kann schnell und komfortabel durch die Programmierung von Rechnern bewältigt werden.

Seit den $7\emptyset$-iger Jahren gibt es programmierbare Taschenrechner, die zwar schnell, aber nicht unbedingt komfortabel arbeiten.

Komfort soll in diesem Zusammenhang heißen, daß die Übertragung einer zu rechnenden Aufgabe in ein Programm möglichst einfach ist. Man nennt solche Programmierungsmöglichkeiten problemorientiert. Muß man dagegen auf die Technik eines Rechners große Rücksicht nehmen, so heißt die Programmierungsmöglichkeit maschinenorientiert. Die in einem Rechner realisierte Programmierungsmöglichkeit heißt *Programmiersprache.*

Für größere Rechnersysteme gibt es problemorientierte Programmiersprachen seit den $6\emptyset$-iger Jahren, z.B. FORTRAN für den naturwissenschaftlichen Bereich und COBOL für den wirtschaftswissenschaftlichen Bereich.

Auf Taschenrechnerebene sind problemorientierte Programmiersprachen seit $198\emptyset$ installiert. Die SHARP-Rechner verwenden die Programmiersprache BASIC. Das Wort BASIC steht für "Beginners Allpurpose Symbolic Instruction Code". In dem Abschnitt über lineares BASIC wollen wir die Grundelemente der Programmiersprache kennenlernen.

2.1 Programmspeicher

Mit Hilfe von BASIC können wir für einzelne Rechenprobleme Programme erstellen, die die Lösung berechnen, wann immer wir es wünschen.

Programme werden in einen *Programmspeicher* geschrieben, dessen Umfang für die verschiedenen Rechner unterschiedlich viele Schritte (Bytes) beträgt (s.u.).

Um Programmteile in den Programmspeicher eingeben zu können, muß vorher die Betriebsart PRO eingestellt werden.

Will man vor einer Programmeingabe sicher sein, daß keine alten Programme im Speicher stehen, so kann man durch die Eingabe

| NEW [ENTER]

den gesamten Inhalt des Programmspeichers löschen. Die Anweisung NEW umfaßt gleichzeitig die Anweisung CLEAR, so daß auch alle Datenspeicher auf Ø gesetzt werden. Für die Anfangsphase ist NEW für uns die einfachste Möglichkeit, alte Programme und Daten zu löschen. Bei voller Ausnutzung der Speichermöglichkeiten unseres Rechners ist die Benutzung von NEW sehr gefährlich, da zumeist nur Teilbereiche der Speicher neu benötigt werden, andere aber erhalten bleiben sollen.

Durch die Anweisung

| MEM [ENTER]

wird die Anzahl der freien Programmschritte angegeben. Nach NEW und MEM erscheint im Anzeigefeld der Umfang des gesamten Programmspeichers in Bytes.

Gibt man vor und nach einer Programmeingabe MEM ein, so ist die Differenz der Schritte die Anzahl der vom Programm belegten Schritte.

Die Aufforderung, daß die in einem Programm stehenden Befehle ausgeführt werden sollen, nennt man *Programmstart* oder *Programmaufruf*. Um ein Programm zu starten, wird die Betriebsart RUN eingestellt. Steht nur ein einziges Programm im Programmspeicher, so wird es durch den Befehl

| RUN [ENTER]

gestartet. Der Befehl RUN und andere BASIC-Befehle sind beim PC-1246/47 und PC-1401 als Zweitbelegungen von Tasten direkt aufrufbar.

2.2 Ein erstes Programm

Ein Programm enthält eine Anzahl von Anweisungen, auch Befehle genannt, die in einer vorgeschriebenen Reihenfolge ausgeführt werden sollen. Die Reihenfolge wird festgelegt, indem man vor die Befehle eine natürliche Zahl schreibt. Anweisungen mit niedrigerer Zahl werden vor Anweisungen mit höherer Zahl ausgeführt. Die Zahl vor einem Befehl heißt *Zeilennummer.* Zeilennummer und Befehl zusammen ergeben eine *Programmzeile* oder einen *Programmsatz.* Mit diesen Bezeichnungen besteht ein Programm also aus einer Anzahl von Programmzeilen, die nach Aufruf sortiert und in aufsteigender Reihenfolge abgearbeitet werden.

Als Zeilennummern sind beim PC-1246/47 und PC-1251 die natürlichen Zahlen von 1 bis 999, bei den übrigen Rechnern von 1 bis 65279 zulässig.

Um bei späteren Korrekturen zusätzliche Programmzeilen einfügen zu können, sollte nach der Zeilennummer n nicht die Nummer n + 1 folgen, sondern eine Lücke gelassen werden. Es hat sich eingebürgert, mit 1Ø zu beginnen und der Zahl n die Zahl n + 1Ø folgen zu lassen. Bitte übernehmen Sie diese Vereinbarung.

Einen der möglichen Programmbefehle haben wir bereits in Abschnitt 1.4 kennengelernt, nämlich die arithmetische Anweisung. Zusammen mit einer Zeilennummer ergibt sich die Programmzeile

n Variable = arithmetischer Ausdruck.

Nach der Eingabe einer Programmzeile in den Programmspeicher durch Drücken der $\boxed{\text{ENTER}}$ -Taste werden Zeilennummer und Befehl durch einen Doppelpunkt getrennt. Eine vom Rechner angenommene Programmzeile wird im Anzeigefeld linksbündig ausgegeben.

Beispiel:

Eingabe	Ausgabe
PRO-Mode	
NEW	>
1ØA = 3	1Ø: A = 3
2ØB = A ∧ 2.5	2Ø: B = A ∧ 2.5
2ØB = 7 * (A * A + 2)	2Ø: B = 7 * (A * A + 2)

Die letzte Eingabe zeigt, daß Programmzeilen genau wie Variable überschrieben werden können.

Durch die Eingabe

n $\boxed{\text{ENTER}}$

wird die Programmzeile mit der Zeilennummer n gelöscht. Das Ende eines jeden Programms muß gekennzeichnet werden, und zwar durch die Programmzeile

n END.

Wir sind jetzt in der Lage, erste Programme schreiben zu können, nämlich eine Folge arithmetischer Anweisungen mit dem END-Befehl.

Beispiel: Die Funktion $y = 2 x e^{x^2}$ soll für verschiedene x-Werte berechnet werden.

Eingabe	Ausgabe
PRO-Mode	
NEW	>
10 Y = 2 * X * EXP (X * X)	10 : Y = 2 * X * EXP (X * X)
20 END	20 : END
RUN-Mode	
X = 1.25	1.25
RUN	>
Y	11.92683295
X = 0.75	0.75
RUN	>
Y	2.632581985

Beispiel: Für einen Punkt im $\mathbb{R}^3$ mit den Koordinaten x, y, z seien die Koordinaten der in diesem Punkt wirkenden Kraft durch folgende Formeln gegeben:

$$F = \frac{x}{(x^2 + y^2 + z^2)^{3/2}}, \quad G = \frac{y}{(x^2 + y^2 + z^2)^{3/2}}, \quad H = \frac{z}{(x^2 + y^2 + z^2)^{3/2}}.$$

Für einen beliebigen einzugebenden Punkt (x, y, z) sollen F, G und H berechnet und abgefragt werden.

Eingabe	Ausgabe
PRO-Mode	
NEW	>
10 R = (X * X + Y * Y + Z * Z) ∧ 1.5	10 : R = (X * Y + Y * Y + Z * Z) ∧ 1.5
20 F = X/R	20 : F = X/R
30 G = Y/R	30 : G = Y/R
40 H = Z/R	40 : H = Z/R
50 END	50 : END
RUN-Mode	
X = 1/3	3.333333333 E − 01
Y = 1/10	0.1
Z = 1/8	0.125
RUN	>
F	6.592557241
G	1.977767172
H	2.472208966

In allen folgenden Beispielen wird das Umschalten der Betriebsart und das Löschen des Programmspeichers fortgelassen. Wir wollen in Zukunft immer zwischen Programmeingabe und Programmaufruf unterscheiden.

Beispiel: *Lineare Interpolation*

Für eine durch eine Tabelle gegebene Funktion sollen Zwischenwerte berechnet werden, indem zwei benachbarte Punkte des Graphen der Funktion durch eine Gerade verbunden werden und Funktionswerte durch Werte der Geradenfunktion ersetzt werden. Seien also (A, B) und (C, D) aus der Tabelle entnommene Punkte des Graphen der Funktion. Nach dem Strahlensatz gilt für einen beliebigen Punkt (X, Y) der Verbindungsgeraden

$$\frac{Y - B}{X - A} = \frac{D - B}{C - A} .$$

Die Auflösung nach Y ergibt die Interpolationsformel

$$Y = B + \frac{D - B}{C - A} (X - A) .$$

Programmeingabe: PRO-Mode

Eingabe	Ausgabe
1∅ E = (D − B)/(C − A)	1∅ : E = (D − B)/(C − A)
2∅ Y = B + E ∗ (X − A)	2∅ : Y = B + E ∗ (X − A)
3∅ END	3∅ : END

Programmaufruf: RUN-Mode

Für den Benzinverbrauch eines Automotors werden vom Hersteller folgende Werte angegeben:

km/h	8∅	11∅	14∅
Liter / 1∅∅ km	7	7.5	1∅

Berechnet werden soll der Verbrauch für 9∅ km/h und 13∅ km/h.

Eingabe	Ausgabe
A = 8∅	8∅.
B = 7	7.
C = 11∅	11∅.
D = 7.5	7.5
X = 9∅	9∅.
RUN	>
Y	7.166666667
A = 14∅	14∅.
B = 1∅	1∅.
X = 13∅	13∅.
RUN	>
Y	9.166666667

Als Ergebnis erhält man einen Verbrauch von 7.17 Liter/1ØØ km bei 9Ø km/h und 9.17 Liter/1ØØ km bei 13Ø km/h.

Bei der Berechnung des zweiten Funktionswertes mußten nur A und B erneut eingegeben werden, weil die Interpolationsformel bezüglich der Punkte (A, B) und (C, D) symmetrisch ist.

Aufgabe 13: Die Umrechnungsformeln von Polarkoordinaten in kartesische Koordinaten in der Ebene lauten

$$x = r \cdot \cos\varphi \quad \text{und} \quad y = r \cdot \sin\varphi.$$

Für die Funktion $r = \sin(2\varphi) - \cos^2\varphi$ sollen x und y für $\varphi = \emptyset°, 3\emptyset°, 6\emptyset°$ und $9\emptyset°$ berechnet werden. Programmieren Sie die Aufgabe und rufen Sie das Programm für die angegebenen Werte auf.

Aufgabe 14: Schreiben Sie ein Programm zur Berechnung der Flächenwerte eines kreisringförmigen Querschnitts mit dem Außendurchmesser d_a und dem Innendurchmesser d_i:

Flächeninhalt $\qquad A = \dfrac{\pi}{4}(d_a^2 - d_i^2)$

Flächenträgheitsmoment $\qquad I = \dfrac{\pi}{64}(d_a^4 - d_i^4) = \dfrac{A}{16}(d_a^2 + d_i^2)$

Widerstandsmoment $\qquad W = \dfrac{2I}{d_a}$

Rufen Sie das Programm auf für $d_a = 2$ dm, $d_i = 1.8$ dm.

Bemerkungen: Man kann in eine Programmzeile mehrere Befehle hineinschreiben. Die einzelnen Befehle sind durch einen Doppelpunkt zu trennen. Eine Programmzeile hat also die Form

| n Befehl 1 : Befehl 2 : Befehl 3 usw.

Beachten Sie, daß das Eingaberegister nur 8Ø Zeichen aufnehmen kann. Der besseren Übersicht wegen ist dem Anfänger zu empfehlen, in jede Zeile nur einen Befehl einzugeben.

In diesem Abschnitt ist bei den Programmen immer noch die Eingabe von Programmzeilen und die Speicherung im Programmspeicher getrennt aufgeführt worden. Der einzige Unterschied bestand im Doppelpunkt zwischen Zeilennummer und Befehl. Bei allen nachfolgenden Abschnitten wird nur noch der Inhalt des Programmspeichers dargestellt und auf die Eingabe der Zeilen verzichtet.

2.3 Ein-Ausgabe-Befehle

Bei den bisherigen Programmen mußten die vorzugebenden Daten vor dem Programmaufruf über arithmetische Anweisungen eingegeben und die berechneten Daten über Speicherabfragen ausgegeben werden. Diese Handarbeit ist wenig komfortabel und bei umfangreicheren Programmen sogar hinderlich. Besser ist es, wenn Eingabedaten vom Programm selbst angefordert und Ausgabedaten automatisch ausgegeben werden. Diese erwünschte Technik wird durch Ein- und Ausgabebefehle realisiert, die wir jetzt besprechen wollen.

Der *Eingabebefehl* heißt INPUT. Wird während eines Programmlaufs der Befehl INPUT erreicht, so werden vom Rechner Daten angefordert. Nach dem Wort INPUT folgt eine Liste mit Texten und Variablen, die durch Semikola und Kommata getrennt werden. Wie in Abschnitt 1.4 werden Texte durch Anführungszeichen eingegrenzt. Eine Programmzeile für den Eingabebefehl hat die allgemeine Form

| n: INPUT "Text"; Variable, "Text"; Variable......

Der Text zwischen zwei Variablen kann weggelassen werden. Bitte achten Sie darauf, nach einer Variablen ein Komma und nach einem Text ein Semikolon zu setzen. Nach einem Text muß immer eine Variable folgen. Die Liste muß mindestens eine Variable enthalten. Das Komma nach der letzten Variablen wird weggelassen. Werden die Listenregeln nicht eingehalten, so erfolgt eine Fehlermeldung.

Für die in der Liste auftretenden Variablen werden entsprechend ihrer Reihenfolge Daten angefordert. Die Dateneingabe erfolgt einzeln. Bei der Abarbeitung des INPUT-Befehls erscheint der Text vor der ersten Variablen im Anzeigefeld. Steht vor der ersten Variablen kein Text, so erscheint ein Fragezeichen. Gibt man jetzt einen arithmetischen Ausdruck ein und drückt die ENTER -Taste, so wird der Wert des arithmetischen Ausdrucks ausgerechnet und der ersten Variablen zugeordnet. Gleichzeitig erscheint der Text vor der zweiten Variablen oder das Fragezeichen. Die Wertzuweisung erfolgt analog zur ersten Variablen. Ist die Liste abgearbeitet, so wird das Programm mit dem nächsten Befehl fortgeführt. Wird einer Variablen kein Wert zugeordnet, sondern nur die ENTER -Taste gedrückt, so wird das Programm mit der nächsten Programmzeile fortgesetzt.

Beispiel: *Satz des Pythagoras*

Für die Seiten eines rechtwinkligen Dreiecks gilt $a^2 + b^2 = c^2$. Bei gegebenem a und b soll c berechnet werden.

1. Programmversion:
$1\emptyset$: INPUT A, B
$2\emptyset$: C = $\sqrt{(A * A + B * B)}$
$3\emptyset$: END

Programmausführung: A = 2.75   B = 3.81

Eingabe	Ausgabe
RUN	?
2.75	?
3.81	>
C	4.698787$\emptyset$78

29

2. Programmversion: 1∅ : INPUT "A ="; A, "B ="; B
                        2∅ : C = √(A ∗ A + B ∗ B)
                        3∅ : END

Programmausführung: A = 2.75   B = 3.81

Eingabe	Ausgabe
RUN	A =
2.75	B =
3.81	>
C	4.698787∅78

Die Ein- und Ausgabe bei der Programmausführung bezüglich des INPUT-Befehls werden wir in Zukunft zusammenfassen, z. B. A = 2.75.

Der *Ausgabebefehl* heißt PRINT. Wird während eines Programmlaufs der Befehl PRINT erreicht, so werden vom Rechner Daten oder Texte ausgegeben. Nach dem Wort PRINT folgt eine Liste mit Texten oder Variablen, die durch Semikola voneinander getrennt werden. Die Listenelemente können Variable, Textvariable oder Texte sein. Eine Programmzeile für den Ausgabebefehl hat die allgemeine Form

$$n : \text{PRINT} \left\{ \begin{array}{l} \text{"Text"} \\ \text{Variable} \\ \text{Textvariable} \end{array} \right\} ; \left\{ \begin{array}{l} \text{"Text"} \\ \text{Variable} \\ \text{Textvariable} \end{array} \right\} \dots$$

Die Liste muß mindestens aus einem Listenelement bestehen. Das Semikolon nach dem letzten Listenelement wird weggelassen. Werden die Listenregeln nicht eingehalten, so erfolgt eine Fehlermeldung.

Für die in der Liste auftretenden Elemente werden entsprechend ihrer Reihenfolge Zahlen oder Texte ausgegeben. Die angegebenen Texte, die Werte der Variablen oder die Speicherinhalte der Textvariablen werden gemeinsam linksbündig angezeigt. Grundsätzlich sollten Sie darauf achten, nur solche Printlisten zu erstellen, die auch ins Anzeigefeld passen. Nicht sichtbare Positionen lassen sich auch mit der Cursor-Taste nicht mehr zur Anzeige bringen.

Bei dem später zu besprechenden Anschluß eines Druckers kann es dagegen sinnvoll sein, bis zu 80 Zeichen pro PRINT-Befehl zuzulassen.

Ist ein PRINT-Befehl abgearbeitet, so wird der Programmlauf unterbrochen. Das Programm wird fortgeführt, indem man die ENTER -Taste drückt.

Beispiel: *Kugelvolumen*

Das Volumen einer Kugel berechnet sich nach der Formel

$$V = \frac{4}{3} \pi r^3.$$

```
Programm:      10: INPUT"RADIUS=";R
               20: V = 4/3 * π * R ∧ 3
               30: PRINT"VOLUMEN=";V
               40: END
```

Programmaufruf für r = 1.25 cm:

> RUN
> RADIUS=1.25 [ENTER]
> VOLUMEN = 8.181230869

Das Volumen beträgt 8.18 cm³.

Da nach PRINT das Programm bereits zu Ende ist, braucht die [ENTER]-Taste nicht gedrückt zu werden.

Beim PC-1246/47 und PC-1401 passen Text und Zahl beim Volumen nicht in eine Zeile, es wird nur

> VOLUMEN = 8.181230

angezeigt. Man muß also aufpassen, daß sie Ausgabetexte nicht zu lang geraten. Eine normierte Gleitpunktzahl nimmt maximal 16 Zeichen in Anspruch, so daß in diesen Fällen beim PC-1246/47 und PC-1401 kein mögliches Textzeichen bleibt.

Häufig ist es von der Problemstellung her überhaupt nicht erforderlich, Zahlen auf 10 Stellen genau anzugeben. Bei technischen Aufgaben sind die Eingabedaten sehr oft Meßwerte, die mit Fehlern behaftet sind. In diesen Fällen sind die hinteren Ziffern einer Ausgabezahl wertlos. Deshalb wünscht der Benutzer eines Rechners, daß Zahlen mit verkürzter Mantisse ausgegeben werden können, um auf diesem Wege die Übersichtlichkeit von Ausgabedaten zu erhöhen und den zur Verfügung stehenden Platz besser nutzen zu können. Der Wunsch wird programmtechnisch dadurch realisiert, daß der PRINT-Befehl um eine Anweisung ergänzt wird. Die zusätzliche Anweisung gibt an, in welcher Weise Zahlen angezeigt werden sollen und heißt *Formatanweisung*.

Die Formatanweisung in der Programmiersprache BASIC hat den Namen USING. Nach dem Befehlswort USING wird ein Zahlenformat angegeben, das in Anführungszeichen eingeschlossen wird. Der USING-Befehl hat die allgemeine Form:

| n: USING"Format" oder n: PRINT USING"Format"; ...

Für Zahlenformate stehen zwei Möglichkeiten zur Verfügung.

Format 1: Zahlen können als normierte Gleitpunktzahl mit verkürzter Mantisse ausgegeben werden. Der Exponent p wird auch für p = 0 angezeigt. Das Format 1 hat die allgemeine Form

$$. \underbrace{\# \# \# \# \# \#}_{\text{m-mal}} \wedge$$

Das #-Zeichen ist die Zweitbelegung der E-Taste. Die Anzahl m ≤ 9 der #-Zeichen gibt die anzuzeigenden Nachkommastellen an. Die Mantissenlänge ist m + 1, denn eine Ziffer und das Vorzeichen stehen in der normierten Gleitpunktform ja vor dem Dezimalpunkt.

Format 2: Zahlen können als Dezimalzahlen ausgegeben werden. Das Format 2 hat die allgemeine Form

$$\underbrace{\#\#\#}_{\text{n-mal}}.\underbrace{\#\#\#\#\#}_{\text{m-mal}}$$

Die m #-Zeichen nach dem Dezimalpunkt geben die anzuzeigenden Nachkommastellen an. Die n #-Zeichen vor dem Dezimalpunkt geben die anzuzeigenden Vorkommastellen und das Vorzeichen an. Auch im Falle positiver Zahlen muß ein #-Zeichen für das Vorzeichen eingegeben werden, obwohl das Vorzeichen + nicht angezeigt wird. Im Format 2 ist also stets n ≥ 2. Für m = Ø kann der Dezimalpunkt weggelassen werden. Die Mantissenlänge der Dezimalzahl ist n + m − 1.

Steht in einem Programm ein USING-Befehl, so werden im Programmaufruf für alle dem USING nachfolgenden PRINT-Befehle die Ausgabedaten in dem vorgeschriebenen Format angezeigt. Eine Formatanweisung wird so lange aufrechterhalten, bis im Programmlauf ein neuer Formatbefehl erreicht wird. Wird nach USING weder Format 1 noch Format 2 angegeben, so werden die Zahlen entsprechend den Ausgaberegeln des manuellen Rechnens aus Abschnitt 1.2 angezeigt. Kann eine Zahl im Falle von Format 2 nicht in der vorgeschriebenen Form ausgegeben werden, so erfolgt die Fehlermeldung

| ERROR7 IN n   (n = Zeilennummer)

Durch die Fehlermeldungen mit unterschiedlichen Nummern können wir Fehler in arithmetischen Anweisungen von Formatfehlern unterscheiden. Hierdurch wird die Programmkorrektur erheblich erleichtert. Die Bedeutung der Ziffern entnehmen Sie bitte der Bedienungsanleitung.

Beispiel: Verschiedene Zahlen sollen mit einem Format ausgegeben werden.

Programm:
```
1Ø : INPUT "EINGABE="; A
2Ø : USING "##.##"
3Ø : PRINT "AUSGABE="; A
4Ø : END
```

Programmlauf:
```
RUN
EINGABE=−1.12
AUSGABE=−1.12
RUN                    RUN
EINGABE=1/3            EINGABE=11.2
AUSGABE=Ø.33           ERROR 7 IN 3Ø
```

Beispiel: Die Zahl π soll mit unterschiedlichem Format ausgegeben werden.

Programm:
```
10: INPUT"A=";A
20: USING"##"
30: PRINT"A=";A
40: USING".###∧"
50: PRINT"A=";A
60: USING"###.####"
70: PRINT"A=";A
80: END
```

Programmlauf:
```
RUN
A = π
A = ⊔3
A = ⊔3.14 E ⊔00
ENTER
A = ⊔⊔3.1415
```

Wir haben gelernt, daß bei einer Anzeige von Daten oder Texten im Sichtfenster aufgrund eines PRINT-Befehls gleichzeitig ein Programmstop erfolgt. Das Programm wird weitergeführt, indem man manuell die ENTER -Taste bedient. Den Start von Hand kann man umgehen, indem man den WAIT-Befehl verwendet.

Die Anweisung

| Zeilennummer: WAIT arithmetischer Ausdruck

bewirkt, daß der Rechner den arithmetischen Ausdruck berechnet. Sein Wert n muß zwischen 0 und 65535 liegen. Bei allen nachfolgenden PRINT-Anweisungen unterbricht der Rechner den Programmlauf nur für n * (1/64) Sekunden und setzt ihn dann fort, ohne daß vorher die ENTER -Taste zu drücken ist.

Auch die Anweisung

| Zeilennummer: WAIT 0

kann sinnvoll sein, wenn nämlich zwischen zwei PRINT-Anweisungen Zeit vergeht; während der Programmdurchführung bleibt die jeweils letzte Anzeige sichtbar.

Die Anweisung

| Zeilennummer: WAIT

ohne nachfolgenden arithmetischen Ausdruck hebt die Wirkung der früheren WAIT-Anweisungen wieder auf.

Beispiel: Die Exponentialfunktion e^x hat die Reihenentwicklung

$$e^x = 1 + x + \frac{x^2}{2!} + \frac{x^3}{3!} + \frac{x^4}{4!} + \frac{x^5}{5!} + \ldots$$

33

Es sollen die ersten Summen

$$1,\ 1+x,\ 1+x+\frac{x^2}{2!},\ 1+x+\frac{x^2}{2!}+\frac{x^3}{3!},\ 1+x+\frac{x^2}{2!}+\frac{x^3}{3!}+\frac{x^4}{4!}$$

berechnet und fortlaufend angezeigt werden. Die Rechnung soll so erfolgen, daß bekannte Summen weiterverwendet werden.

Programm:
```
10: INPUT"X=";X
20: S = 1
30: WAIT 128 : PRINT S
40: S = S + X
50: PRINT S
60: S = S + X ∧ 2/2
70: PRINT S
80: S = S + X ∧ 3/6
90: PRINT S : WAIT
100: S = S + X ∧ 4/24
110: PRINT"S=";S
120: END
```

Programmlauf für X = 0.5:
```
RUN
X = 0.5
1.
1.5
1.625
1.645833333
S = 1.6484375
```

Die Zwischenergebnisse werden 2 sec lang angezeigt.

Eine andere Möglichkeit besteht darin, PRINT durch PAUSE zu ersetzen. Die Anweisung

┃   PAUSE ...

hat dieselbe Wirkung wie die Anweisungsfolge

```
WAIT 54.4
PRINT ...
WAIT
```

Aufgabe 15: Erstellen Sie mit Hilfe eines Programms eine Wertetabelle für die Funktion

$$y = \frac{2x-1}{x^2+x+1}.$$

x soll eingegeben, x und y in einer Zeile mit zwei Stellen nach dem Komma
ausgegeben werden. Starten Sie das Programm für

$$x = -2, -1.5, -1, -\emptyset.5, \emptyset, \emptyset.5, 1, 1.5, 2 \ .$$

Aufgabe 16: Für die Funktionen

$$y = 2(x+1) \quad \text{und} \quad y = e^x$$

ist der Schnittpunkt der Funktionsgraphen im 1. Quadranten gesucht. Erstellen
Sie ein Programm, das zu gegebenem x beide Funktionswerte in einer Zeile an-
zeigt. Starten Sie das Programm für verschiedene x-Werte und versuchen Sie
die Funktionswerte abzugleichen. Welche Näherung erhalten Sie für den Schnittpunkt?

Bemerkungen: Die Ein- aus Ausgabebefehle INPUT, PRINT und USING
lassen noch einige andere Varianten zu, die hier weggelassen wurden. Wenn
Sie sich hierfür interessieren, lesen Sie bitte die entsprechenden Abschnitte
Ihres Bedienungshandbuches durch.

Formatanweisungen gibt es in allen problemorientierten Programmiersprachen,
wobei die Möglichkeiten der Ausgabegestaltung erheblich umfangreicher sein
können.

2.4 Programmänderungen und Fehlerkorrektur

Sehr viele der in den Rechner eingegebenen Programme müssen im Laufe der
Zeit verändert werden. Änderungsgründe können sein:

a) Das Programm enthält programmiertechnische Fehler. Beim Programmstart
   wird eine Fehlermeldung angezeigt.
   Beispiel: Statt PRINT wird PINT eingegeben.

b) Das Programm ist formal richtig, führt aber trotzdem zu einer Fehlermeldung oder liefert nicht die erwarteten Ergebnisse.
   Beispiele: Eine Zahl kann nicht in einem vorgeschriebenen USING-Format
   ausgegeben werden. Zahlen sind unzulässige Argumente von Standardfunktionen. Die Auswertungsrangfolge von arithmetischen Ausdrücken ist nicht
   beachtet worden.

c) Das Programm soll erweitert werden.
   Beispiele: Zusätzliche arithmetische Anweisungen sollen eingefügt werden.
   Die Ein- und Ausgabe soll durch zusätzliche Befehle verbessert werden.

In allen Fällen benötigen wir eine ähnliche Technik wie bei der in Abschnitt 1.5
besprochenen Korrektur arithmetischer Ausdrücke und Anweisungen.

Alle Änderungen von Programmen werden im PRO-Mode durchgeführt. Vor
Programmänderungen ist es zunächst erforderlich, sich Programmteile oder
das gesamte Programm anzusehen. Wir benötigen also einen Befehl, mit dem
wir Programmzeilen aus dem Programmspeicher in die Anzeige bringen können.

Die entsprechende BASIC-Kommandoanweisung heißt LIST und hat die allgemeine Form

| LIST n ENTER .

Wird dieser Befehl eingegeben, so erscheint die Programmzeile mit der Zeilennummer n im Anzeigefeld. Existiert die Programmzeile nicht, so wird die Fehlermeldung

| ERROR 4

ausgegeben. Wird die Zeilennummer im LIST-Kommando weggelassen, so erscheint die Programmzeile mit der niedrigsten Zeilennummer, also der Programmanfang.

Steht eine Programmzeile im Anzeigefeld und bedient man die ⬇-Taste, so wird die Programmzeile mit der nächsthöheren Zeilennummer angezeigt.

Die Bedienung der ⬆-Taste bewirkt eine Verschiebung zur nächstniedrigeren Zeilennummer. Drückt man die Tasten permanent, so wird schrittweise der gesamte Inhalt des Programmspeichers ausgegeben. Auf diese Art und Weise kann man z.B. feststellen, welche Zeilennummern bereits belegt sind. Die Tasten ⬇ und ⬆ haben in vertikaler Richtung eine ähnliche Funktion wie die Cursor-Tasten ▶ und ◀ in horizontaler Richtung. Machen Sie sich bitte mit LIST, ⬇ und ⬆ anhand von Beispielprogrammen aus den vorigen Abschnitt vertraut.

Nachdem man sich überlegt hat, was und wo man in einem Programm ändern möchte, bieten sich für die Korrektur drei Möglichkeiten an:

a) **Einfügen von Programmzeilen**

Genau wie in Abschnitt 2.1 besprochen, gibt man eine Programmzeile mit einer noch freien Zeilennummer ein. Die neue Zeile wird entsprechend ihrer Zeilennummer in die bereits vorhandenen Zeilen einsortiert.

b) **Löschen von Programmzeilen**

Die Zeilennummer der zu löschenden Programmzeile wird eingetippt und die ENTER -Taste gedrückt.

c) **Änderung von Programmzeilen**

Die zu ändernde Programmzeile wird in das Eingaberegister gebracht und mit der in Abschnitt 1.5 besprochenen Technik korrigiert. Nach der Korrektur wird durch Drücken der ENTER -Taste die alte Programmzeile durch die neue Programmzeile überschrieben. Befehlsworte wie PRINT, USING, INPUT, END sind programmtechnisch ein Zeichen und müssen bei Korrekturen vollständig neu geschrieben werden.

Können die in einem Programm stehenden Befehle nach dem Programmstart nicht vollständig abgearbeitet werden, so erscheint im Anzeigefeld eine *Fehlermeldung.* Die Fehlermeldung gibt uns an, bis zu welcher Zeile das Programm ausgeführt wurde und warum ein Stop erfolgte. Die Bedeutung der Codenummer einer Fehlermeldung finden Sie in der Bedienungsanleitung.

Drückt man nach einer Fehlermeldung im RUN-Mode in der Zeile n die ⊡-Taste permanent, so erscheint die Programmzeile n in der Anzeige.

Läßt man die ⊡-Taste los, so wird die Fehlermeldung gelöscht. Da eine Fehlermeldung im Eingaberegister steht, kann sie auch mit der ⌑CL⌑-Taste gelöscht werden. Schaltet man jetzt in den PRO-Mode um und drückt ⊡ oder ⊡, so erscheint erneut die Zeile n.

In vielen Fällen enthält die Zeile bereits den Fehler und man kann direkt korrigieren. Es kann aber auch vorkommen, daß in der Abbruchzeile kein Fehler vorliegt und vorangegangene Programmzeilen geändert werden müssen. Ein Beispiel hierfür sind Formatfehler, bei denen nicht die PRINT-Befehle, sondern die USING-Befehle zum Abbruch führen. In diesen Fällen wird zunächst die zu korrigierende Zeile in die Anzeige geholt und dann geändert.

Beispiel: Für einen dreidimensionalen Kraftvektor $\vec{F}$ soll die Länge F berechnet werden.

$$F = \sqrt{F_x^2 + F_y^2 + F_z^2}$$

Programm:
```
10: INPUT"FX=";A, "FY=";B,"FZ=";C
20: F=√(A∧2+B∧2+C∧2)
30: USING"##.##"
40: PRINT"F=";F
50: END
```

1. Programmaufruf für F_x = 7.5, F_y = 9 und F_z = 2.6:

```
RUN
FX=7.5
FY=9
FZ=2.6
ERROR 7 IN  40
```

1. Korrektur:

Eingabe	Ausgabe
⊡ PRO-Mode ⊡	40: PRINT"F=";
⊡	30: USING"##.##"
▶ ▶ ▶	30: USING"■#.##"
.###∧	30 USING".###∧■
⌑ENTER⌑	30: USING".###∧"

2. Programmaufruf für F_x = 7.5, F_y = 9 und F_z = 2.6:

```
RUN
FX=7.5
FY=9
FZ=2.6
F = 1.200IE01
```

Bei längeren und komplizierteren Programmen ist es manchmal schwierig, trotz des Hinweises in der Fehlermeldung den wirklichen Fehler zu finden. Dieselbe Situation tritt ein, wenn ein Programm fehlerfrei läuft, aber falsche Daten ausgerechnet werden. In solchen Fällen sollte man das Programm in mehrere Teile unterteilen. Eine Möglichkeit hierzu bietet der STOP-Befehl:

| Zeilennummer: STOP

hat innerhalb eines Programms dieselbe Wirkung wie

| Zeilennummer: END,

der Rechner stoppt den Programmlauf, sobald er in diese Zeile kommt. Beim STOP-Befehl erscheint dann außerdem die Angabe

| BREAK IN Zeilennummer

in der Anzeige; und im Gegensatz zum END-Befehl kann der STOP-Befehl durch CONT [ENTER] wieder aufgehoben werden. Die Wirkung des STOP-Befehls kann auch manuell mit der [BRK] -Taste erzielt werden. Der STOP-Befehl läßt sich generell beim Programmieren anstelle des END-Befehls verwenden. Für die Fehlersuche hat er den Vorteil, daß nach einer Programmunterbrechung Gelegenheit besteht, die aktuellen Werte der im Programm verwendeten Variablen abzurufen und mit den eigenen Erwartungen zu vergleichen, bevor man den Programmlauf fortsetzt. Auf diese Weise läßt sich genauer lokalisieren, in welchem Programmteil der Fehler steckt.

Eine noch feinere „Zerlegung" des Programms in seine Einzelteile ist mit dem TRON-Kommando möglich: Gibt man in der Betriebsart RUN das Kommando

| TRON [ENTER]

in den Rechner ein, so wird der Rechner in den Trace-Zustand versetzt (Trace = Spur, TRON = Trace on). Nach Starten eines Programms mit RUN [ENTER] wird im Trace-Zustand der Programmlauf nach jeder Zeile automatisch gestoppt, wobei die aktuelle Zeilennummer im Anzeigefeld erscheint. Durch Drücken und Festhalten der [⬆] -Taste erscheint auch die Zeile selbst im Anzeigefeld. Durch Drücken der [⬇] -Taste geht der Rechner zur Bearbeitung der nächsten Zeile über. Das fortgesetzte Drücken der [⬇] -Taste bewirkt also, daß das Programm wie üblich durchgeführt wird, nur sehr viel langsamer als im Normalzustand. Zwischendurch hat der Benutzer jederzeit die Möglichkeit, sich Programmzeilen anzusehen oder aktuelle Zwischenergebnisse abzurufen. Durch das Kommando

| TROFF [ENTER]

wird die Wirkung von TRON [ENTER] wieder aufgehoben, der Trace-Zustand wird also wieder abgeschaltet.

TRON und TROFF können auch als Befehle in einem Programm stehen (dann ohne ENTER), die Wirkung ist die gleiche. Auf diese Weise ist es möglich, nur bestimmte Programmteile, die man genauer untersuchen möchte, im Trace-Zustand zu durchlaufen.

2.5 Weitere Programmierbefehle und Kommentare

Stehen mehrere Programme im Programmspeicher, so muß ein Startbefehl zur Verfügung stehen, der von einer vorgegebenen Zeilennummer n an alle Programmzeilen bis zum nächsten END-Befehl abarbeitet. Das entsprechende Kommando heißt

| RUN n

Das Kommando RUN n arbeitet bezüglich der Zeilennummer n genauso wie LIST n. Läßt man die Zeilennummer weg, so wird die niedrigste belegte Zeilennummer angesprochen. Wichtig ist noch zu wissen, daß bei jedem Programmstart mit RUN ein früher gesetztes WAIT-Intervall erhalten bleibt.

In Abschnitt 1.1 haben wir die manuelle Einstellung der Winkeleinheit besprochen. Der Betriebszustand DEG, RAD oder GRAD kann auch durch folgende Programmbefehle gewählt werden:

| n:DEGREE
| n:RADIAN
| n:GRAD

Ebenfalls programmierbar ist die aus Abschnitt 1.4 bekannte Anweisung CLEAR, die alle Variablen zu Null setzt. Die Programmzeile lautet:

| n:CLEAR

Ein akustisches Signal ertönt, falls in einem Programmlauf die Programmzeile

| n:BEEP m

erreicht wird (nicht im PC-1246). Die natürliche Zahl m gibt dabei die Anzahl der Signaltöne an. Der BEEP-Befehl ermöglicht es, das Ende eines Programmlaufs oder die erforderliche Eingabe von Daten akustisch anzuzeigen. Ersetzt man m durch eine Variable, z.B. BEEP A, so wird $m = INT(A)$ gesetzt für $A \geqslant 1$.

Programminhalt und Programmstruktur können durch Kommentare verdeutlicht werden. Der Kommentarbefehl in BASIC lautet

| n:REM"Text".

Der Text darf so lang sein, wie eine Programmzeile es zuläßt. Der REM-Befehl wird nur bei der Programmauflistung berücksichtigt, beim Programmlauf aber übersprungen.

Beispiele für die Anwendungen dieser Befehle werden wir in den nachfolgenden Abschnitten kennenlernen.

2.6 Reservable Keys

Bei den Rechnern PC-1251, PC-1260/61 und PC-1350 sind nicht alle Buch-
staben- und Zeichentasten mehrfach belegt.

Je nach den individuellen Wünschen eines Benutzers können hier den einfach
belegten Tasten $\boxed{A}$, $\boxed{S}$, $\boxed{D}$, $\boxed{F}$, $\boxed{G}$, $\boxed{H}$, $\boxed{J}$, $\boxed{K}$, $\boxed{L}$, $\boxed{=}$, $\boxed{Z}$, $\boxed{X}$,
$\boxed{C}$, $\boxed{V}$, $\boxed{B}$, $\boxed{N}$, $\boxed{M}$, $\boxed{SPC}$ durch eine Zweitbelegung weitere Funktionen
zugeordnet werden. Diese Wahlmöglichkeit wird durch einen separaten Speicher
realisiert. Die 18 Wahltasten heißen *Reservable Keys*, die Zweitbelegungen
RESERVE-Ausdrücke und der Speicher *RESERVE-Speicher*.

Um mit dem RESERVE-Speicher arbeiten zu können, muß zunächst mit
Hilfe des Schiebereglers die Betriebsart RESERVE eingestellt werden.

RESERVE-Ausdrücke können arithmetische Ausdrücke, arithmetische Anweisungen, Programmbefehle, Kommandos oder sonstige Zeichenketten sein. Die
Zuordnung von RESERVE-Ausdrücken zu Reservable Keys erfolgt durch

$\boxed{SHFT}$ Reservable Key   RESERVE-Ausdruck $\boxed{ENTER}$.

Beispiel: Der Taste A soll COS zugeordnet werden

Eingabe	Ausgabe
RSV-Mode $\boxed{SHFT}$ A	A: _
COS $\boxed{ENTER}$	A: COS

Der Abruf der RESERVE-Ausdrücke ist in den Betriebsarten RUN und PRO
möglich und erfolgt durch

| $\boxed{SHFT}$ Reservable Key .

Die Reservable Keys im RUN-Mode sind insbesondere bei Funktionsauswertungen sinnvoll und kurzen Funktionsprogrammen wegen des einfacheren
Aufrufs überlegen.

Beispiel: Die Funktion

$$y = \text{arsinh}\,(x) = \ln (x + \sqrt{x^2 + 1})$$

soll für verschiedene x-Werte berechnet werden.

Reservable Key (RESERVE-Mode):

$$F : Y = LN (X + \sqrt{}(X * X + 1))$$

Aufruf (RUN-Mode) für x = 1:

Eingabe	Ausgabe
X = 1	1.
SHFT F	Y = LN (X + √(X * X + 1))
ENTER	Ø.881373587

Reservables Keys im PRO-Mode kann man verwenden, um immer wieder-kehrende Befehle wie INPUT, PRINT, USING usw. bestimmten Tasten zu-zuordnen. Die Korrektur von RESERVE-Ausdrücken ist nur im RESERVE-Mode mög-lich und stimmt fast überein mit der in Abschnitt 2.4 besprochenen Pro-grammkorrektur. Das Kommando

| NEW ENTER

löscht den gesamten RESERVE-Speicher. Durch

| SHFT Reservable Key

wird der zum Reservable Key gehörende RESERVE-Ausdruck in das Eingabe-register gebracht. Zur Korrektur sind alle in Abschnitt 2.4 besprochenen Mög-lichkeiten erlaubt. Der korrigierte Ausdruck gelangt durch ENTER wieder in den RESERVE-Speicher. Wird die zulässige Zahl von 48 Programmschritten überschritten, so erfolgt die Fehlermeldung

| ERROR 6

Die Zuordnung von RESERVE-Ausdrücken zu Reservable Keys können Sie auf die vom Hersteller beigelegte Abdeckschablone schreiben.

Aufgabe 17: Wird eine Stahlkugel vom Durchmesser D mit einer Kraft F in die blanke Oberfläche eines Probestücks gepreßt, und ist d der Durchmesser der Eindruckfläche, so läßt sich nach Brinell die Härte der Probe berechnen nach der Formel:

$$H = \frac{2F}{\pi D (D - \sqrt{D^2 - d^2})}.$$

Sei D = 1ØØ mm und F = 15Ø N. Berechnen Sie mit Hilfe eines Reservable Keys die Härten für d = 1, 2, 3, ..., 1Ø mm.

3 Höhere Programmiertechniken

In den bisher beschriebenen BASIC-Programmen wird die Reihenfolge der Bearbeitung der Anweisungen dadurch festgelegt, daß die Zeilen in aufsteigender Reihenfolge der Zeilennummern abgearbeitet werden. Diese Reihenfolge kann nicht durchbrochen werden. Programme dieser Gestalt heißen *linear*.

Die Programmiertechniken dieses Kapitels schaffen Möglichkeiten, von der durch die Zeilennummern festgelegten Reihenfolge abzuweichen, wenn das wünschenswert ist. Erst mit diesen Anweisungen entfalten sich die Möglichkeiten programmgesteuerter Rechner, hier erst beginnt die eigentliche Programmierung.

3.1 Die Sprunganweisung

Die elementarste Möglichkeit, von der festgelegten Reihenfolge abzuweichen, bietet der Sprungbefehl GOTO. Die Anweisung

     100: GOTO 20

bewirkt z. B., daß der Rechner nicht die Zeile bearbeitet, die auf Zeile 100 folgt, sondern zur Zeile 20 springt und dort weiterarbeitet. Die allgemeine Form der Sprunganweisung ist

| Zeilennummer: GOTO arithmetischer Ausdruck

Der Rechner berechnet den ganzzahligen Anteil des arithmetischen Ausdrucks. Dieser muß als Zeilennummer im Programm tatsächlich vorkommen (andernfalls ERROR 11) und bildet das *Sprungziel*. Der Rechner springt in die entsprechende Zeile und setzt die Bearbeitung des Programms dort fort.

Beispiel: Wie muß eine Konservendose aussehen, die einen Liter Suppe aufnehmen kann und dafür möglichst wenig Material benötigt?

Zu bestimmen ist der Radius r der Grundfläche und die Höhe h der Konservendose in cm. Ist r gegeben, so läßt sich h aus der Formel

$$V = \pi r^2 h$$

für das Volumen V berechnen, da ja $V = 1000$ cm^3 gelten soll:

$$h = \frac{1000}{\pi r^2}$$

Damit ist dann auch die Oberfläche

$$A = 2\pi r^2 + 2\pi rh = 2\pi r (r + h)$$

gegeben, die zum Materialverbrauch als ungefähr proportional angesetzt werden kann. Die Oberfläche, und damit der Materialverbrauch, steht also zu r in einem funktionalen Zusammenhang:

$$A = f(r) = 2\pi r^2 + \frac{2000}{r}$$

Gesucht ist ein r, für das diese Funktion möglichst klein wird.

Die einfachste Möglichkeit, dieses Problem zu lösen, besteht darin, sich zunächst einmal einen Überblick zu verschaffen, indem man die Funktion an verschiedenen Stellen auswertet, und dann das gesuchte Minimum nach und nach einzukreisen. Hierzu verwenden wir das folgende Programm:

```
10: INPUT"V=";V          40: A = 2 * π * R * (R + H)
20: INPUT"R="; R         50: PRINT H
30: H = V/(π * R * R)     60: PRINT A
```

das sich auch für andere Volumen als 1000 cm³ verwenden läßt. Für unser Problem müßten wir dieses Programm sehr häufig mit RUN starten und dann jedesmal neu das gleiche Volumen V = 1000 eingeben. Das ist unnötig, und wir schließen daher das Programm mit

```
70: GOTO 20
```

ab, wodurch direkt nach Ausgabe von H und A und Drücken der $\boxed{\text{ENTER}}$ - Taste ein neues R eingegeben werden kann.

Nach Eingabe von

V = 1000

ergeben sich z. B. die folgenden Werte:

| Eingabe | Ausgabe | |
Radius (cm)	H (cm)	A (cm²)
1	318.3098862	2006.283185
5	12.73239545	557.0796328
10	3.183098862	828.3185307
7	6.496120126	593.5903658
6	8.841941283	559.5280044
4	19.89436789	600.530965
5.5	10.52264087	553.7027193
5.3	11.33178662	553.8531658
5.4	10.91597689	553.5880538
5.45	10.71660251	553.5832156
5.42	10.83556481	553.5810548
5.41	10.87565938	553.5826631
5.415	10.85558433	553.581387
5.418	10.84356597	553.5810746
5.419	10.83956428	553.5810458

Der letzte Wert ist der beste. Es scheint nicht sinnvoll zu sein, eine größere Genauigkeit anzustreben. Die exakten Werte für das Minimum sind

$$5.419260701 \qquad 10.8385214 \qquad 553.5810444$$

An diesem Beispiel zeigen sich deutlich die Vorteile des *Dialogbetriebs:* Man kann auf einfache Weise neue Daten eingeben und sich dabei von den bisherigen Ergebnissen des Rechners leiten lassen.

Das Programm, das hier benutzt wurde, hat kein Ende, es wird im Prinzip unendlich oft durchlaufen. Nachdem eine hinreichende Genauigkeit erzielt worden ist, können wir den Programmlauf unterbrechen: Drückt man nach Ausgabe der letzten Zahlenwerte die $\boxed{\text{ON}}$-Taste, so wird das Programm in Zeile 50 unterbrochen. Im Anzeigefeld erscheint

BREAK IN 50

Der Rechner kann jetzt wieder für andere Zwecke benutzt werden, etwa zum Neustart des Programms mit einem anderen Wert für das Volumen oder für ein neues Programm. Die Unterbrechung kann aber auch wieder aufgehoben werden durch Eingabe von

| CONT $\boxed{\text{ENTER}}$

Der Programmlauf wird dann mit der nächsten Zeile fortgesetzt, in unserem Beispiel also mit Zeile 60.

3.2 Die bedingte Sprunganweisung (IF — THEN)

Nur in seltenen Fällen ist die Sprunganweisung GOTO für sich allein schon sinnvoll. Zwar kann man mit ihr die lineare Struktur eines Programms durchbrechen, doch führt sie stets zu Schleifen, aus denen man wiederum nicht ausbrechen kann.

Beispiel: Das folgende Programm dient der Berechnung der Farbmenge, die für den Innenanstrich eines rechteckigen Zimmers benötigt wird. Zunächst ist die pro Quadratmeter benötigte Farbmenge Q einzugeben, sodann die Maße des Zimmers. Dann wird die anzustreichende Fläche A (Wände und Decke) berechnet, schließlich die für diese Fläche benötigte Farbmenge M, die ausgegeben wird:

```
 10: INPUT "FARBE PRO QM"; Q
 20: INPUT "HOEHE"; H
 30: INPUT "LAENGE"; L
 40: INPUT "BREITE"; B
 50: A = L * B + 2 * H * (L+B)
100: M = A * Q
110: PRINT "MENGE="; M
```

Will man jetzt noch Türen und Fenster berücksichtigen, deren Fläche von der Gesamtfläche abzuziehen ist, kann man die Zeilen

```
60: INPUT "FENSTERHOEHE"; H
70: INPUT "FENSTERBREITE";B
80: A = A – H * B
```

einfügen. Diese drei Befehle sind solange zu wiederholen, bis alle Fenster und Türen erfaßt sind. Zur Vermeidung überflüssiger Programmierarbeit scheint es daher sinnvoll, die Zeile

```
90: GOTO 60
```

einzufügen und nach Berücksichtigung aller Fenster und Türen mit den Zeilen 100 und 110 fortzufahren.

Das funktioniert aber nicht! Der Rechner bearbeitet nacheinander die Zeilen 10, 20, 30, 40, 50, 60, 70, 80, 90, 60, 70, 80, 90, 60, ... usw. und erreicht nie die Zeile 100. Er steckt in einer *Endlosschleife,* aus der er nicht wieder herauskommt, es sei denn, das Programm wird von „außen" durch Drücken der $\boxed{\text{ON}}$ -Taste unterbrochen.

Der Grund hierfür liegt darin, daß der Rechner nicht wissen kann, daß alle Fenster und Türen erfaßt sind, wir müssen es ihm schon mitteilen. Das können wir z. B. dadurch, daß wir in Zeile 60 eine 0 eingeben, die als Fensterhöhe ja nicht vorkommen kann. H = 0 soll für den Rechner das Signal sein, aus der Schleife auszusteigen. Dies wird bewirkt durch

```
65: IF H = 0 THEN 100
```

d. h. falls H = 0, dann gehe nach Zeile 100, andernfalls setze mit der nächsten Zeile 70 fort.

Die *bedingte Sprunganweisung* hat die allgemeine Form

| n_1 : IF Vergleich THEN n_2

n_1 und n_2 sind dabei Zeilennummern, wobei n_2 auch als arithmetischer Ausdruck geschrieben sein kann wie bei der GOTO-Anweisung.

Der in der bedingten Sprunganweisung auftretende *Vergleich* hat die allgemeine Form

| arithmetischer Ausdruck ⊗ arithmetischer Ausdruck

wobei $\otimes$ für einen der folgenden Vergleichsoperatoren steht:

BASIC-Symbol	Bedeutung	mathematisches Symbol
$=$	gleich	$=$
$<$	kleiner als	$<$
$>$	größer als	$>$
$<=$	kleiner oder gleich	$\leqslant$
$>=$	größer oder gleich	$\geqslant$
$<>$	ungleich	$\neq$

Trifft der Rechner auf eine bedingte Sprunganweisung, so berechnet er zunächst die arithmetischen Ausdrücke im Vergleich und stellt dann fest, ob die im Vergleich gemachte Aussage richtig oder falsch ist. Ist sie richtig, so setzt der Rechner wie bei der Anweisung GOTO n_2 fort, d. h. er berechnet den arithmetischen Ausdruck n_2 und spring zur entsprechenden Zeile. Ist dagegen die Aussage falsch, so wird mit der auf n_1 folgenden Zeile im Programm fortgesetzt.

Aufgabe 18: Bei der Bestimmung der Lösungen

$$x_1 = -\frac{a}{2} + \sqrt{\frac{a^2}{4} - b}, \qquad x_2 = -\frac{a}{2} - \sqrt{\frac{a^2}{4} - b}$$

der quadratischen Gleichung

$$x^2 + ax + b = \emptyset$$

sind die Fälle reeller oder konjugiert komplexer Lösungen zu unterscheiden, je nachdem ob

$$\frac{a^2}{4} - b \geqslant \emptyset \qquad \text{oder} \qquad \frac{a^2}{4} - b < \emptyset \,.$$

Man schreibe ein BASIC-Programm, das beide Fälle erfaßt. Im Falle reeller Lösungen sollen die reellen x_1 und x_2, im Falle komplexer Lösungen deren Real- und Imaginärteil ausgegeben werden.

3.3 Flußdiagramme

Bei schwierigen Problemen und entsprechend komplizierten Verfahren zu ihrer Lösung wird man das Programm kaum noch direkt in den Rechner eingeben können, ohne dabei die Übersicht zu verlieren. In solchen Fällen ist es sinnvoll, sich zunächst die logische Struktur des Programms graphisch zu verdeutlichen.

Beispiel: Lösung der quadratischen Gleichung

$$x^2 + ax + b = \emptyset \qquad \text{(siehe Aufgabe 18)}$$

Die logische Struktur des Verfahrens ist in erster Linie gekennzeichnet durch die Fallunterscheidung, ob die Lösungen reell oder konjugiert komplex sind. Dies wird durch das folgende Diagramm deutlich:

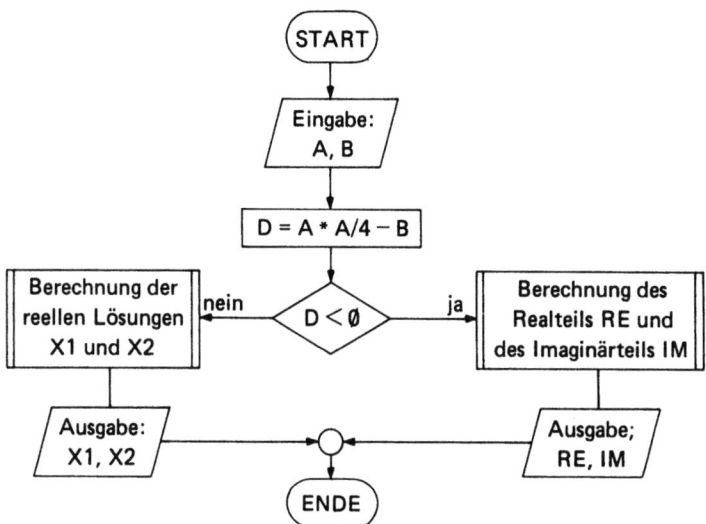

Die beiden *Blockanweisungen*

bleiben noch auszufüllen:

$$X1 = -A/2 + \sqrt{D}$$
$$X2 = -A/2 - \sqrt{D}$$

und

$$RE = -A/2$$
$$IM = \sqrt{-D}$$

bevor das so entstandene *Flußdiagramm* in ein Programm umgesetzt werden kann.

Die folgende Tabelle enthält die in Flußdiagrammen gebräuchlichen Symbole, soweit sie bisher behandelten BASIC-Anweisungen entsprechen.

Symbol	Bedeutung
⬭	START oder ENDE eines Programms
▭	Wertzuweisung
▯	Blockanweisung, Programmteil
▱	Ein- oder Ausgabeanweisung
◇	Vergleich mit zwei Ausgängen (ja − nein)
○	Verbindungsstelle
⟶	Flußlinie zur Kennzeichnung der Reihenfolge

Beispiel: *Newton-Verfahren*

Das in den meisten Fällen effektivste Verfahren zur Bestimmung einer Lösung der Gleichung

$$f(x) = \emptyset$$

mit einer gegebenen Funktion $f(x)$ ist das Newton-Verfahren. Ausgehend von einem Startwert x_0 wird die *Iteration*

$$x_{i+1} = x_i - \frac{f(x_i)}{f'(x_i)}$$

durchgeführt, wobei $f'(x)$ die erste Ableitung von $f(x)$ ist. Die Zahlen x_i konvergieren gegen die gesuchte Lösung, falls der Startwert x_0 genügend nahe bei der Lösung lag, andernfalls können sie auch divergieren. Da man das vorher oft nicht weiß, sollen maximal N Iterationsschritte durchgeführt werden. Der erreichte Wert x_{i+1} soll als gut genug gelten, wenn er sich von seinem Vorgänger x_i nicht um mehr als eine kleine Zahl D unterscheidet.

Flußdiagramm:

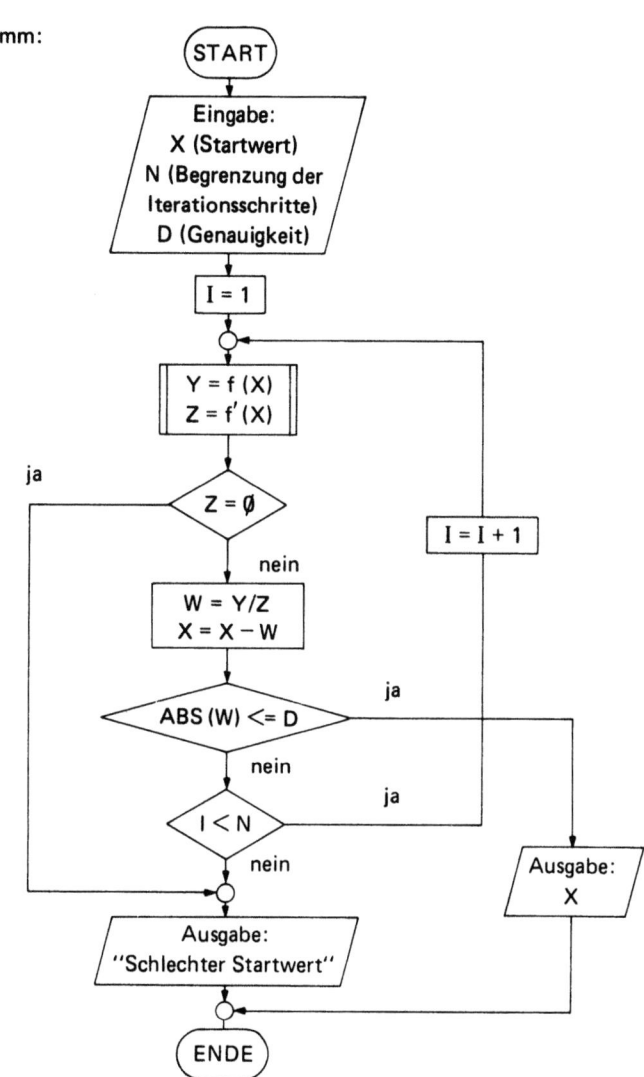

Beispiel: Für eine *Kreditaufnahme* von insgesamt 4000,– DM liegen die folgenden Angebote vor:

– Rückzahlung in 18 Monatsraten zu je 249,30 DM,
– Rückzahlung in 24 Monatsraten zu je 193,50 DM,
– Rückzahlung in 30 Monatsraten zu je 160,— DM,
– Rückzahlung in 36 Monatsraten zu je 137,80 DM.

Welches Angebot ist am günstigsten?

Die Antwort auf diese Frage ist natürlich auch von den finanziellen Verhältnissen des Kreditnehmers abhängig. Trotzdem ist es sinnvoll, ein Maß zu haben, durch das sich Kreditangebote mit unterschiedlichen Laufzeiten miteinander vergleichen lassen. Ein solches Maß ist der *effektive Monats-* oder *Jahreszins,* mit dem auch in Zeitungsanzeigen (Autokauf) für Kreditangebote geworben, der aber häufig nur ungenau berechnet wird.

Ist K der Betrag (in DM) des aufgenommenen Kredits, R der monatlich zurückgezahlte Betrag (in DM), p der effektive Monatszins (in %) und

$$x = \frac{p}{100 \%} \, ,$$

so ist

$$K_n = K (1 + x)^n - R \, \frac{(1 + x)^n - 1}{x}$$

die nach n Monaten noch bestehende Restschuld. Ist m die Laufzeit des Kredits, so ist also $K_m = 0$. Aus den Größen K, m und x läßt sich dann leicht die monatliche Ratenzahlung berechnen:

$$R = \frac{Kx (1 + x)^m}{(1 + x)^m - 1} \, .$$

Ist umgekehrt K, m und R vorgegeben, so ist $x = p/100 \%$ die positive Lösung der Gleichung

$$f(x) = (1 + x)^m (Kx - R) + R = 0.$$

x läßt sich nicht exakt, sondern nur näherungsweise berechnen, z. B. mit dem Newton-Verfahren. Die deutschen Banken geben für x die Näherungsformel

$$x = 2 \cdot \frac{mR - K}{(m + 1) K}$$

an.

Aufgabe 19: Man schreibe ein Programm zur Bestimmung des effektiven Monatszinses aus den Größen K, m und R. Man wähle dabei als Ausgangsnäherung den von den Banken angegebenen Näherungswert.

3.4 Die Laufanweisung

Bei der wiederholten Durchführung ein und derselben Befehlsfolge wie in den zuletzt betrachteten Beispielen kann man häufig anstelle von GOTO- und IF-THEN-Anweisungen auch *Laufanweisungen* benutzen, die einfacher zu programmieren sind.

Beispiel: *Wertetabelle*

Bei dem eben betrachteten Newton-Verfahren zur Bestimmung der Lösung einer Gleichung $f(x) = \emptyset$ muß der Startwert genügend nahe bei der Lösung liegen. Um das zu erreichen, ist es i. a. sinnvoll, sich zunächst einen Überblick über die Funktion zu verschaffen. Dazu soll in einem gegebenem Intervall [a, b] eine Tabelle der Funktionswerte erstellt werden, und zwar an n + 1 äquidistant verteilten Stützstellen. Die Schrittweite ist $h = (b - a)/n$; $f(x)$ muß für $x = a, a + h, a + 2h, ..., a + nh = b$ berechnet und ausgegeben werden. Das Programm hierfür kann mit GOTO- und IF-THEN-Anweisungen geschrieben werden. Einfacher ist aber das folgende Vorgehen, demonstriert an der Funktion $f(x) = e^{-x} - x$:

```
10: INPUT "A ="; A, "B = "; B, "N ="; N
20: H = (B − A)/N
30: FOR I = ØTO N
40: X = A + I * H
50: Y = EXP (− X) − X
60: PRINT X, Y
70: NEXT I
80: END
```

Die Zeilen 3Ø bis 7Ø enthalten eine *Laufanweisung.* Sie bewirkt, daß die Anweisungen 4Ø bis 6Ø für die Werte $I = \emptyset, 1, ..., N$ durchgeführt werden.

Die allgemeine Form der Laufanweisung lautet:

z_0: FOR Variablenname = a_1 TO a_2 STEP a_3
z_1 :
.
. } Blockanweisung aus m Zeilen
.
z_m :
z_{m+1} : NEXT Variablenname

a_1, a_2 und a_3 sind arithmetische Ausdrücke. Der Wert von a_1 heißt *Anfangswert,* der Wert von a_2 *Endwert* und der Wert von a_3 *Schrittweite* der Laufanweisung. Nach FOR und NEXT muß der gleiche Name stehen, der die *Laufvariable* bezeichnet.

Hierbei ist zu beachten:

$a_3 = \emptyset$ ist verboten
Ist $a_3 = 1$, so kann STEP a_3 weggelassen werden.

Die hier behandelten Rechner bearbeiten Laufanweisungen auf unterschiedliche Weise. Im Falle $a_3 > 0$ wird die Wirkungsweise durch die folgenden Flußdiagramme beschrieben:

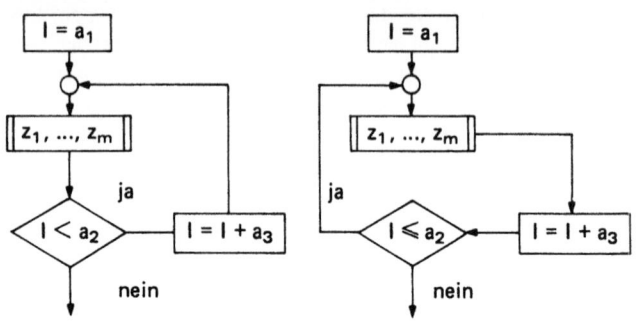

Der Unterschied besteht darin, daß links der letzte Wert der Laufvariablen, für den die Blockanweisung ausgeführt wird, größer als a_2 sein kann, was rechts nicht möglich ist.

Im Falle $a_3 < 0$ ist die Wirkungsweise einer Laufanweisung die gleiche mit dem einen Unterschied, daß jeweils $I > a_2$ (links) bzw. $I \geq a_2$ (rechts) abgefragt wird.

Mit dem folgenden Programm läßt sich überprüfen, welche Werte die Laufvariable bei verschiedenen Laufanweisungen durchläuft:

```
10: INPUT A, B, C
20: FOR I = A TO B STEP C
30: PRINT I
40: NEXT I
50: END
```

Weitere Unterschiede:

PC-1246/1247/1251	PC-1260/1261/1350/1401
Die Werte von a_1, a_2 und a_3 müssen zwischen -32768 und 32767 liegen	Die Werte von a_1, a_2 und a_3 können beliebig sein
Im Falle $a_3 = 0$ wird eine Fehlermeldung ausgegeben	Im Falle $a_3 = 0$ gerät der Rechner in eine Endlosschleife
Von a_2 und a_3 werden nur die ganzzahligen Anteile verwendet	Es werden auch die Stellen nach dem Dezimalpunkt berücksichtigt

Normalerweise reichen Laufanweisungen mit ganzzahligen Anfangs- und Endwerten und Schrittweiten 1 oder -1 aus. In diesem Fall reagieren die hier betrachteten Rechner gleich.

52

Um Fehler zu vermeiden, sollte man niemals in der Blockanweisung der Laufvariablen einen Wert zuweisen. Ein solches Vorgehen führt zwar zu keiner Fehlermeldung, wohl aber zu falschen Ergebnissen.

Um Laufanweisungen in Flußdiagrammen zu kennzeichnen, verwenden wir das folgende Symbol:

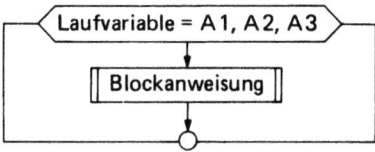

Wie im BASIC-Programm wird im Falle A3 = 1 A3 weggelassen.

Der Beginn (FOR) und das Ende (NEXT) einer Laufanweisung stellen im Programm gewissermaßen eine Klammer dar, die durch die Laufvariable gekennzeichnet ist. Wie auch in arithmetischen Ausdrücken, kann man mehrere solcher Klammern" ineinander verschachteln. Dabei ist auf die richtige Klammersetzung zu achten:

Richtige Schachtelung	Falsche Schachtelung
FOR I = ...	FOR I = ...
.	.
.	.
.	.
FOR J = ...	FOR J = ...
.	.
.	.
.	.
NEXT J	NEXT I
.	.
.	.
NEXT I	NEXT J

Der Rechner kann mit einer Anweisung NEXT I nichts anfangen, wenn nicht noch ein FOR I = ... sozusagen „offen" ist. Deshalb darf man niemals mit einer GOTO- oder IF-THEN-Anweisung von außen in eine Laufanweisung hineinspringen. Es ist aber erlaubt, aus einer Laufanweisung vorzeitig hinauszuspringen.

Beispiel: Das *Newtonverfahren* aus Abschnitt 2.6 enthält implizit bereits eine Laufanweisung, die die Beschränkung der Anzahl der Iterationsschritte regelt. Die Variable I durchläuft die Werte von 1 bis N. Das Flußdiagramm läßt sich entsprechend umschreiben.

Aufgabe 20: Man baue die Laufanweisung entsprechend dem folgenden Flußdiagramm in das Programm aus Aufgabe 19 ein.

Flußdiagramm zum Newton-Verfahren:

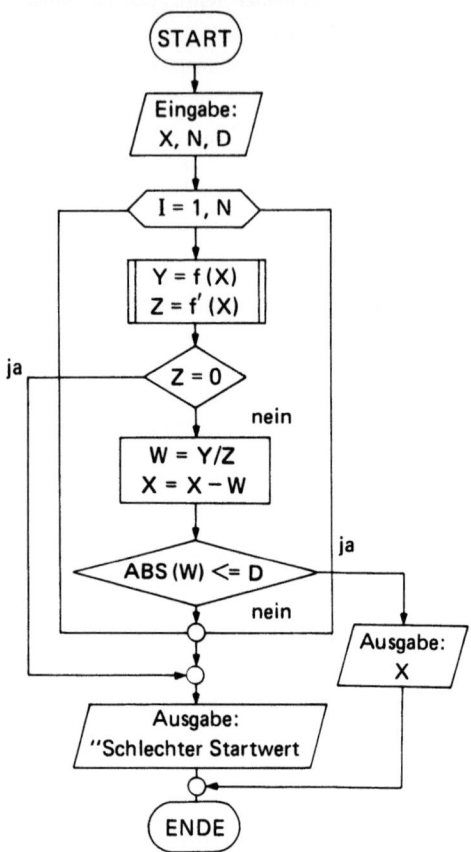

Beispiel: *Numerische Integration*

Für eine gegebene Funktion y = f (x) ist das bestimmte Integral

$$I = \int_a^b f(x)\, dx$$

gesucht. Hierzu gibt es eine Reihe von Näherungsformeln. Zu ihrer Konstruktion wird das Integrationsintervall [a, b] in n gleichgroße Teilintervalle der Länge h = (b − a)/n unterteilt.

Bei der *Mittelpunktsformel* wird die Funktion in der Mitte der Teilintervalle ausgewertet:

$$M_n = \sum_{i=1}^{n} h\, f\left(a + \left(i - \frac{1}{2}\right) h\right)$$

Bei der *Trapezformel* wird die Funktion an den Endpunkten der Teilintervalle ausgewertet:

$$T_n = \sum_{i=1}^{n} \frac{h}{2}\, (f(a + (i-1)\, h) \;+\; f(a + ih))$$

Die *Simpsonformel* mit insgesamt $2n + 1$ Funktionsauswertungen ergibt sich aus M_n und T_n durch

$$S_{2n} = \frac{2}{3} M_n + \frac{1}{3} T_n$$

Auch die Trapezformel mit der doppelten Anzahl von Teilintervallen ergibt sich ohne zusätzliche Funktionsauswertungen:

$$T_{2n} = (M_n + T_n)/2$$

Die Zahlen M_n, T_n und S_n stellen Näherungen an das Integral I dar, die mit wachsendem n immer besser werden.

Das folgende Verfahren berechnet nacheinander

$$T_1\,; \; M_1, S_2, T_2\,; \;\; M_2, S_4, T_4\,; \;\; M_4, S_8, T_8\,; \ldots \text{ usw.}$$

Die Anzahl der Teilintervalle wird jeweils verdoppelt, wodurch man Funktionsauswertungen spart. Die aktuellen Werte für die drei Näherungsformeln werden jeweils ausgegeben. Im Kern des Verfahrens steht eine Laufanweisung zur Berechnung der neuen Mittelpunktsformel.

Flußdiagramm zur numerischen Integration:

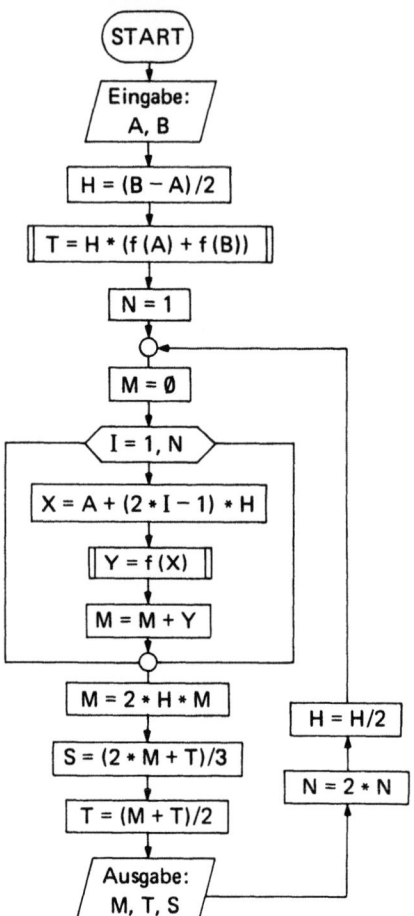

Das zugehörige Programm für die Funktion $f(x) = e^{-x^2}$ lautet:

```
 10:INPUT "A =";A
 20: INPUT "B=";B
 30: H = (B − A)/2
 40: T = H * (EXP (− A * A) + EXP (− B * B))
 50: N = 1
 60: M = 0
 70: FOR I = 1 TO N
 80: X = A + (2 * I − 1) * H
 90: Y = EXP (− X * X)
100: M = M + Y
110: NEXT I
120: M = 2 * H * M
130: S = (2 * M + T)/3
140: T = (M + T)/2
150:PRINT "M=", M
160:PRINT "T=", M
170:PRINT "S=", S
180: N = 2 * N
190: H = H/2
200: GOTO 60
```

Nach Eingabe von A = 0 und B = 1 ergeben sich die folgenden Werte:

Mittelp.	Trapez	Simpson
7.788007E−01	7.313702E−01	7.471804E−01
0.754597944	0.742984098	0.74685538
7.487471E−01	7.458656E−01	7.468261E−01
7.473035E−01	7.465845E−01	7.468242E−01
7.469439E−01	0.746764255	0.746824141

Die Werte der Simpsonformel haben sich auf 6 Stellen stabilisiert, während die Werte für die Mittelpunkts- und die Trapezformel noch nicht soweit sind. Fast immer liefert die Simpsonformel die genauesten Näherungswerte. Nur bei der Integration periodischer Funktionen (z. B. Überlagerung von Schwingungen) über die volle Periode liefert die Trapezformel die besseren Werte.

Zum Abbruch des Programmlaufs ist die ON -Taste zu drücken. Bei einem Neustart kann ein anderes Integrationsintervall gewählt werden. Will man aber eine andere Funktion integrieren, so muß das Programm in den Zeilen 40 und 90 geändert und die Funktion EXP (− X * X) durch eine andere ersetzt werden. Im nächsten Abschnitt wird gezeigt, wie sich dieses Problem etwas eleganter lösen läßt.

Aufgabe 21: Man schreibe ein BASIC-Programm zur Berechnung von

$$n! = 1 \cdot 2 \cdot 3 \cdot \ldots \cdot n$$

für eine positive, ganze Zahl n.

Aufgabe 22: *Reihenberechnung*

Der Integralsinus Si (x) ist definiert durch

$$Si(x) = \int_0^x \frac{\sin t}{t} \, dt .$$

Zur Berechnung von Si (x) könnte man das obige Programm zur numerischen Integration verwenden, wobei zu beachten wäre, daß der Integrand für $t = \emptyset$ den Wert 1 hat. Eine effektivere Methode besteht darin, Si (x) als unendliche Reihe darzustellen und diese näherungsweise zu berechnen:

$$Si(x) = x - \frac{x^3}{3 \cdot 3!} + \frac{x^5}{5 \cdot 5!} - \frac{x^7}{7 \cdot 7!} + \ldots = \sum_{i = \emptyset}^{\infty} \frac{x^{2i+1}}{(2i+1)\,(2i+1)!} \, (-1)^i$$

Man schreibe ein BASIC-Programm zur Berechnung der Näherung

$$Si(x) \approx \sum_{i = \emptyset}^{n} \frac{x^{2i+1}}{(2i+1)\,(2i+1)!} \, (-1)^i$$

nach Eingabe von x und n. Zur Verringerung des Rechenaufwandes beachte man, daß sich die Summanden leicht auseinander berechnen lassen.

3.5 Unterprogramme

In dem Programm aus 3.4 zur numerischen Integration mußte die zu integrierende Funktion an drei Stellen des Programms ausgewertet werden, nämlich zweimal in Zeile 4Ø und einmal in Zeile 9Ø. Das erfordert erhöhte Tipparbeit, was bei komplizierteren Funktionen ärgerlich wird, und zwar besonders dann, wenn das Programm zur Integration verschiedener Funktionen an diesen Stellen dauernd geändert werden muß.

Diese Arbeit läßt sich erleichtern, wenn man die Funktionsauswertung $Y = f(X)$ aus dem eigentlichen Programm, das *Hauptprogramm* genannt werden soll, auslagert in ein *Unterprogramm* (engl. *Subroutine*):

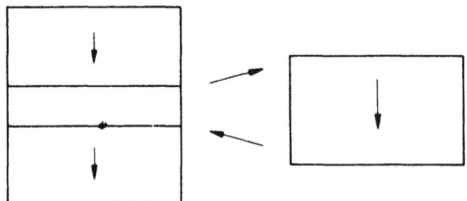

Der Befehl

| z_1: GOSUB z_2

im Hauptprogramm bewirkt, daß der Rechner zunächst nicht mit der Zeile fortsetzt, die auf Zeile z_1 folgt, sondern zur Zeile z_2 springt wie bei der Anweisung GOTO z_2. Der Rechner setzt dort seine Arbeit in der üblichen Weise fort, bis er auf einen Befehl

| z_3: RETURN

trifft. Dieser Befehl veranlaßt den Rechner, zurückzuspringen und mit der auf den GOSUB-Befehl folgenden Anweisung fortzusetzen.

Für das Programm aus 3.4 zur *numerischen Integration* läßt sich diese Unterprogrammtechnik folgendermaßen verwenden:

Man ersetzt Zeile 40 durch

    40: X = A
    41: GOSUB 300
    42: T = Y
    43: X = B
    44: GOSUB 300
    45: T = (T + Y) * H

und Zeile 90 durch

    90: GOSUB 300

und ergänzt das Programm durch das Unterprogramm

    300: Y = EXP (− X * X)
    310: RETURN

Dies mag zunächst nach mehr und nicht weniger Tipparbeit aussehen. Das ändert sich aber, wenn die numerische Integration auch für andere Funktionen durchgeführt werden soll. Dann muß nämlich nur noch die Zeile 300 geändert werden, während das Hauptprogramm unverändert bleibt.

Trifft der Rechner bei der Programmdurchführung auf einen RETURN-Befehl, ohne vorher einen GOSUB-Befehl durchlaufen zu haben, so gibt er eine Fehlermeldung aus.

Aufgabe 23: Man schreibe ein Programm für das Newton-Verfahren aus 3.4, indem man die Berechnungen $Y = f(X)$ und $Z = f'(X)$ in einem Unterprogramm durchführt, das an geeigneter Stelle aufgerufen wird.

Beispiel: *Minimum einer Funktion*

Für eine stetige Funktion $y = f(x)$ soll ein (lokales) Minimum ohne Hilfe der Differentialrechnung näherungsweise bestimmt werden. Ein solches Problem ist bereits in 3.1 (minimale Oberfläche einer Konservendose) durch Probieren gelöst worden. Für eine systematische Minimumsuche gehen wir von folgender Beobachtung aus: Ist $x_1 < x_2 < x_4$ und $f(x_1) > f(x_2) < f(x_4)$, so hat die Funktion $f(x)$ im Intervall $[x_1, x_4]$ ein (lokales) Minimum.

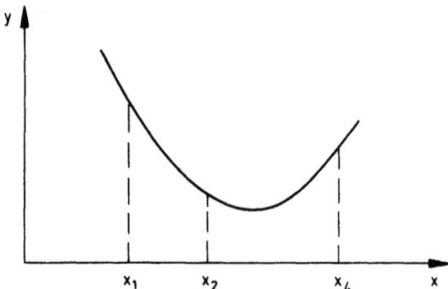

Im ersten Teil des Verfahrens sollen daher drei Werte x_1, x_2 und x_4 mit dieser Eigenschaft bestimmt werden. Ausgangspunkt ist dabei ein Startwert x_1 und eine Anfangsschrittweite h in Richtung des Abstiegs der Funktion f (x). Vom Startwert ausgehend werden mit größer werdender Schrittweite h nacheinander Funktionswerte f (x_i) bestimmt, bis die oben beschriebene Situation auftritt. Die Zahl der Versuche soll dabei durch eine einzugebende positive, ganze Zahl n begrenzt sein.

Ist bereits für die Anfangswerte f (x_1) $<$ f (x_1 + h), so wird der dritte Punkt auf der anderen Seite von x_1 gesucht. Findet man ihn dort nicht, so kann davon ausgegangen werden, daß h das falsche Vorzeichen hat, daß man also, von x_1 aus gesehen, das Minimum in der falschen Richtung sucht.

Im zweiten Teil des Verfahrens wird das gefundene Intervall [x_1, x_4], in dem das Minimum liegen muß, nach und nach verkleinert. Dies geschieht dadurch, daß man einen Punkt x_3 zwischen x_2 und x_4 auswählt und f (x_3) bestimmt. Ist dann f (x_2) $<$ f (x_3), so liegt das Minimum im Intervall [x_1, x_3], andernfalls im Intervall [x_2, x_4]. Die beste Intervallverkleinerung, die sich auf diese Weise fortgesetzt und mit Sicherheit erreichen läßt, ist die Verkleinerung um den Faktor

$$s = (1 + \sqrt{5})/2 = 1.618033989 .$$

Hierzu ist das Intervall [x_1, x_4] folgendermaßen aufzuteilen:

$$x_1 \qquad x_2 \quad x_3 \qquad x_4 ,$$

wobei $x_3 - x_1 = x_4 - x_2 = (x_4 - x_1)/s$ (*Goldener Schnitt*).

Aufgrund dieser Tatsache sollen bereits im 1. Teil des Verfahrens die Werte x_1, x_2 und x_4 in diesen Größenverhältnissen bestimmt werden.

Der 2. Teil des Verfahrens beginnt also mit drei Werten x_1, x_2 und x_4 mit $x_4 - x_2 = (x_4 - x_1)/s$:

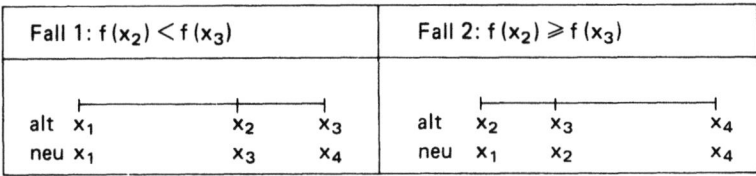

Im Verlauf der weiteren Intervallverkleinerung fällt jeweils einer der beiden Randpunkte x_4 oder x_1 aus der weiteren Betrachtung fort, je nachdem, ob $f(x_2) < f(x_3)$ oder nicht. Entsprechend sind zwei verschiedene Fälle zu unterscheiden,

Fall 1: $f(x_2) < f(x_3)$	Fall 2: $f(x_2) \geqslant f(x_3)$
alt x_1 x_2 x_3	alt x_2 x_3 x_4
neu x_1 x_3 x_4	neu x_1 x_2 x_4

die unterschiedliche Umnumerierungen der Variablen x_i erfordern, bevor das Verfahren fortgesetzt werden kann. Diese Intervallverkleinerung soll solange fortgesetzt werden, bis die Länge des Intervalls $[x_1, x_4]$ unterhalb einer gegebenen Genauigkeit d liegt, die zu Beginn des 2. Teils einzugeben ist.

Im anschließenden Flußdiagramm und Programm werden die folgenden Variablen benutzt:

Variable	für
P	x_1
Q	x_2
R	x_3
T	x_4

Variable	für
U	$y_1 = f(x_1)$
V	$y_2 = f(x_2)$
W	$y_3 = f(x_3)$
Z	$y_4 = f(x_4)$

Flußdiagramm zur Minimumsuche, 1. Teil

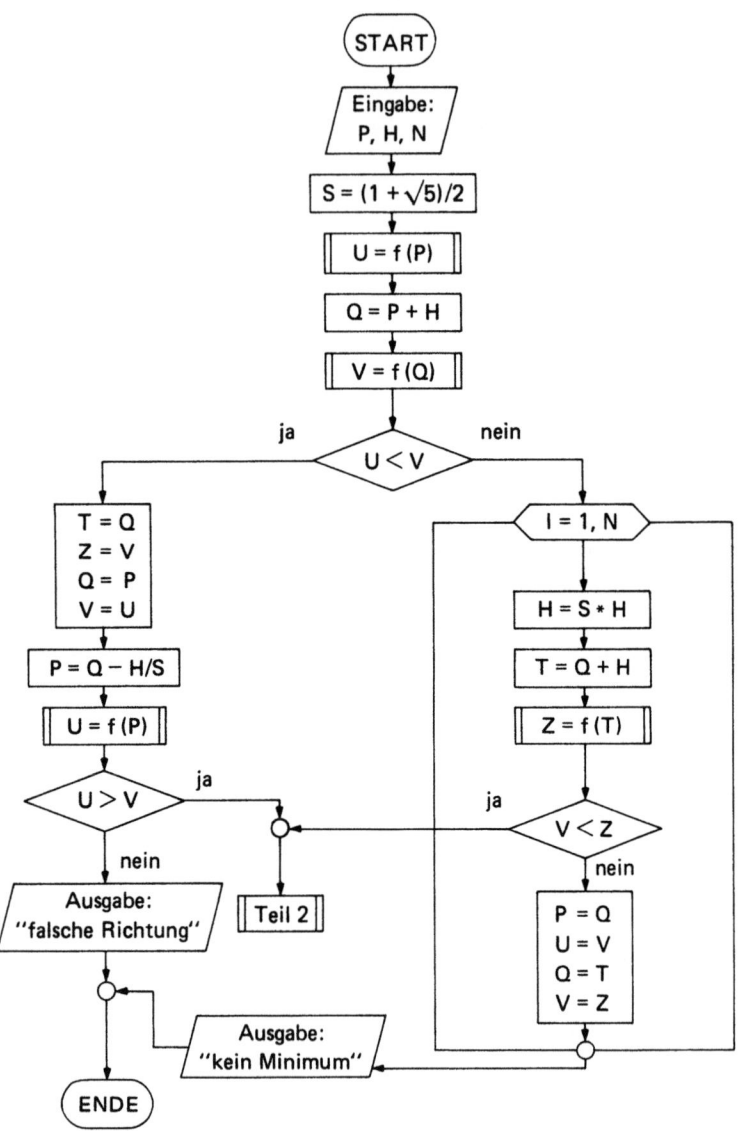

Flußdiagramm zur Minimumsuche, 2. Teil

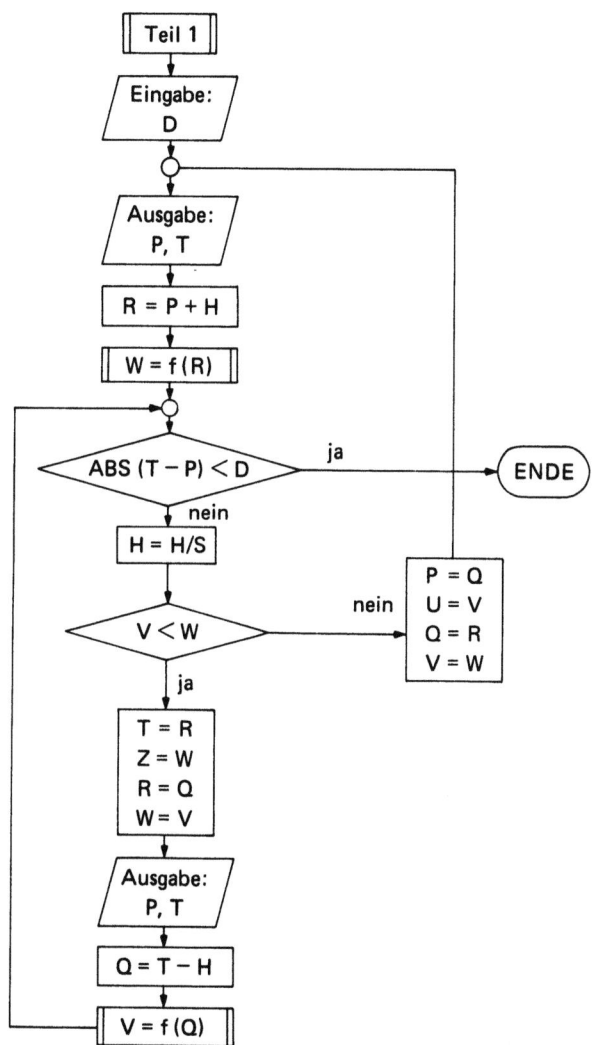

Teil 1

Eingabe:
D

Ausgabe:
P, T

R = P + H

W = f(R)

ABS (T − P) < D — ja → ENDE

nein

H = H/S

V < W — nein →
P = Q
U = V
Q = R
V = W

ja

T = R
Z = W
R = Q
W = V

Ausgabe:
P, T

Q = T − H

V = f(Q)

Programm zur Minimumsuche:

```
  1:REM MINIMUMSUCHE
 10:INPUT "STARTWERT=";P
 20.INPUT "SCHRITTWEITE=";H
 30:INPUT "MAX. SCHRITTE=";N
 40:S=(1+√5)/2
 49:REM SUCHE DES ANFANGSINTERVALLS
 50:X=P
 60:GOSUB 1000
 70:U=Y
 80:Q=P+H
 90:X=Q
100:GOSUB 1000
110:V=Y
120:IF U<V THEN 270
130:FOR I=1 TO N
140:H=S*H
150:T=Q+H
160:X=T
170:GOSUB 1000
180:Z=Y
190:IF V<Z THEN 500
200:P=Q
210:U=V
220:Q=T
230:V=Z
240:NEXT I
250:PRINT "KEIN MINIMUM"
260:GOTO 990
270:T=Q
280:Z=V
290:Q=P
300:V=U
310:P=Q-H/S
320:X=P
330:GOSUB 1000
340:U=Y
350:IF U>V THEN 500
360:PRINT "FALSCHE RICHTUNG"
370:GOTO 990
500:REM INTERVALLVERKLEINERUNG
510:INPUT "GENAUIGKEIT=";D
520:WAIT 0
530:PRINT P, T
```

```
540: R = P+H
550: X = R
560: GOSUB 1000
570: W = Y
580: IF ABS (T – P) < D THEN 800
590: H = H/S
600: IF V < W THEN 660
610: P = Q
620: U = V
630: Q = R
640: V = W
650: GOTO 530
660: T = R
670: Z = W
680: R = Q
690: W = V
700: PRINT P, T
710: Q = T – H
720: X = Q
730: GOSUB 1000
740: V = Y
750: GOTO 580
800: WAIT
810: PRINT P, T
990: END
999: REM FUNKTIONSAUSWERTUNG
1000: Y = 2 * π * X * X + 2000/X
1010: RETURN
```

Anmerkungen zum Programm:

1. Die zur Minimumsuche benötigten Funktionsauswertungen werden in einem Unterprogramm durchgeführt, das in Zeile 1000 ff. steht. Im hier aufgeführten Programm wird für die bereits in 3.1 betrachtete Funktion ein Minimum gesucht.

2. Die Zeilen 10 bis 370 enthalten den ersten, die Zeilen 500 bis 990 den zweiten Teil des Verfahrens.

3. Im zweiten Teil des Verfahrens werden die jeweils aktuellen Werte von x_1 und x_4 ausgegeben, ohne daß der Programmlauf unterbrochen wird (wegen Zeile 520). Das führt zu einem schnellen Wechsel der Zahlen im Anzeigefeld. Wer dies ändern will, muß die Zeile 520 ändern bzw. löschen.

4. Zeile 800 hebt die Wirkung von Zeile 520 auf. Sodann wird das Endergebnis dauerhaft ausgegeben. Wer weitere Informationen wünscht (z. B. Funktionswerte), muß entsprechende Anweisungen zwischen Zeile 810 und Zeile 990 einfügen.

Programmdurchführung:

A. Vor dem Start des Programms ist dafür zu sorgen, daß in den Zeilen 1000 ff. die richtige Funktion ausgewertet wird.

B. Nach dem Start des Programms mit RUN $\boxed{\text{ENTER}}$ fragt der Rechner zunächst nach dem Startwert x_1, der Schrittweite H und der maximalen Schrittzahl N. Hierbei ist dafür zu sorgen, daß H das richtige Vorzeichen hat: Liegt x_1 links vom (vermuteten) Minimum, so muß H positiv sein, andernfalls negativ.

C. Gibt der Rechner „falsche Richtung" aus, so wurde das Vorzeichen von H falsch gewählt, man starte also das Programm noch einmal mit geändertem Vorzeichen. Wird auch jetzt noch „falsche Richtung" ausgegeben, so muß in der Nähe des Startwerts x_1 ein lokales Maximum liegen. In diesem Falle wiederhole man die Prozedur mit verkleinerter Schrittweite H.

D. Gibt der Rechner „kein Minimum" aus, so besitzt entweder die Funktion f(x) tatsächlich kein Minimum oder die Versuche führten nicht weit genug vom Startwert x_1 weg. Man starte das Programm mit vergrößertem H und N erneut. Wenn f(x) ein Minimum besitzt, wird dieses Verfahren irgendwann zum Ziel führen.

E. Fragt der Rechner durch „Genauigkeit=" nach der zu erzielenden Genauigkeit D, so hat er Teil 1 des Verfahrens bereits durchlaufen und ein Anfangsintervall $[x_1, x_4]$ bestimmt. Nach Eingabe von D wird dieses Intervall bis auf die gewünschte Genauigkeit verkleinert. Die Zwischenergebnisse erscheinen kurz im Anzeigefeld, der Rechner stoppt mit dem Endergebnis. Das Minimum liegt zwischen den beiden Zahlen im Anzeigefeld.

Zahlenbeispiele (mit dem Unterprogramm Y = 2 * π * X * X + 2000/X):

a) Startwert = 6, Schrittweite = 1, Maximale Schrittzahl = 10

  Ausgabe: falsche Richtung

b) Startwert = 2, Schrittweite = .1, Maximale Schrittzahl = 5

  Ausgabe: kein Minimum

c) Startwert = 2, Schrittweite = .5, Maximale Schrittzahl = 5

Genauigkeit =	Endergebnis	
	X1	X4
.01	5.416407867	5.422985676
.001	5.418920367	5.419880056
.0001	5.419233453	5.419319988
.00001	5.419312184	5.419319988

exakter Wert: 5.419260701

Für die Genauigkeiten .01, .001 und .0001 wird das Minimum tatsächlich von den Zahlen im Anzeigefeld eingeschlossen, für die Genauigkeit .00001 dagegen nicht. Woran liegt das?

Um dieser Frage nachzugehen, lassen wir uns vom Rechner die letzten Werte X1, X2, X3, X4 und die zugehörigen Funktionswerte ausgeben:

D = .001	X1 = 5.418920367	Y1 = 553.5810468
	X2 = 5.419286935	Y2 = 553.5810446
	X3 = 5.419513487	Y3 = 553.5810458
	X4 = 5.419880056	Y4 = 553.5810518
D = .0001	X1 = 5.419233453	Y1 = 553.5810446
	X2 = 5.419266506	Y2 = 553.5810446
	X3 = 5.419286935	Y3 = 553.5810446
	X4 = 5.419319988	Y4 = 553.5810447
D = .00001	X1 = 5.419312184	Y1 = 553.5810446
	X2 = 5.419315166	Y2 = 553.5810446
	X3 = 5.419317006	Y3 = 553.5810447
	X4 = 5.419319988	Y4 = 553.5810447

Man sieht, daß die Y-Werte auf ungefähr doppelt soviele Stellen miteinander übereinstimmen wie die X-Werte. Das liegt daran, daß die Ableitung einer Funktion, sofern sie differenzierbar ist, in einem (lokalen) Minimum verschwindet, weshalb die Funktionswerte sich in der Nähe eines Minimums nur sehr wenig ändern.

Bei D = .0001 sind für den Rechner (d. h. bei 10-stelliger Genauigkeit) die Werte V = f(X2) und W = f(X3) gleich, obwohl in Wirklichkeit (d. h. bei exakter Rechnung) V < W. Der Rechner beantwortet daher die in der Programmzeile 600 gestellte Frage, ob V < W, falsch. Das hat zur Konsequenz, daß das nächste Intervall [X1, X4] falsch gebildet wird, der exakte Wert für das Minimum wird nicht mehr eingeschlossen.

> Das Minimum einer Funktion y = f(x) kann nur so genau bestimmt werden, wie die *Funktionswerte* sich im Rahmen der Rechengenauigkeit voneinander unterscheiden. Für die x-Werte bedeutet das i. a. ungefähr halbe Rechnergenauigkeit (also auf 5 Stellen). Dagegen kann der zugehörige y-Wert praktisch mit Rechnergenauigkeit bestimmt werden.

Diese Aussage hat weder mit ungeschickter Programmierung zu tun noch mit irgendwelchen Macken eines speziellen Rechners, sondern allein mit den ungünstigen Eigenschaften des Problems der Minimumbestimmung. Der in der numerischen Mathematik hierfür gebräuchliche Fachausdruck ist: Das Problem ist *schlecht konditioniert*.

Es hat also keinen Sinn, sondern führt zu falschen Ergebnissen, für die Eingabe von D im obigen Programm eine mehr als 5-stellige Genauigkeit vorzugeben.

3.6 Felder. Indizierte Variablen

Beispiel: *Lineare Gleichungssysteme*

Ein in vielen Anwendungsbereichen auftretendes Problem ist die Bestimmung der Lösung eines linearen Gleichungssystems (n Gleichungen mit n Unbekannten)

$$c_{11}x_1 + c_{12}x_2 + ... + c_{1n}x_n = b_1$$
$$c_{21}x_1 + c_{22}x_2 + ... + c_{2n}x_n = b_2$$
$$.................$$
$$c_{n1}x_1 + c_{n2}x_2 + ... + c_{nn}x_n = b_n$$

Gegeben sind dabei die *Koeffizienten* $c_{11}, ..., c_{1n}, c_{21}, ..., c_{2n}, ..., c_{n1}, ..., c_{nn}$ und die Komponenten der *rechten Seite* $b_1, ..., b_n$. Gesucht sind die Unbekannten $x_1, ..., x_n$.

Beispiel: *Elektrische Netzwerke*

In einem elektrischen Netzwerk sind die Ohm'schen Widerstände und die Spannungsquellen gegeben. Gesucht sind die Ströme in den einzelnen Komponenten des Netzwerks. Hier sind z. B. die Widerstände $R_1, ..., R_6$ und die Spannungen U_1, U_5 gegeben und die Stromstärken $I_1, ..., I_6$ gesucht. Nach den Kirchhoff'schen Regeln ergibt sich das folgende lineare Gleichungssystem für die unbekannten Stromstärken:

$$
\begin{aligned}
I_1 \quad - \quad I_3 + \quad I_4 \qquad\qquad &= \emptyset \\
I_2 - \quad I_3 \qquad + \quad I_5 \quad &= \emptyset \\
I_1 - \quad I_2 \qquad\qquad - \quad I_6 &= \emptyset \\
R_1 I_1 \qquad\qquad - R_4 I_4 \qquad + R_6 I_6 &= U_1 \\
R_3 I_3 + R_4 I_4 + R_5 I_5 \qquad &= U_5 \\
- R_2 I_2 \qquad\qquad + R_5 I_5 + R_6 I_6 &= U_5
\end{aligned}
$$

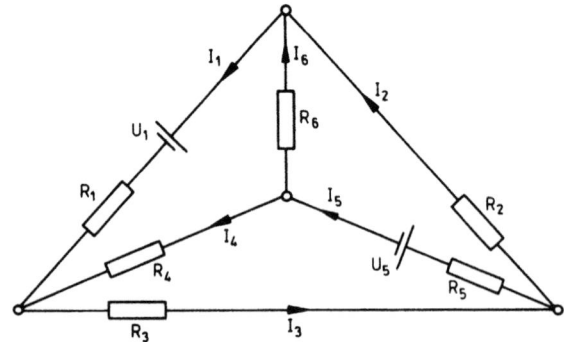

Die gebräuchlichste Methode zur Lösung eines linearen Gleichungssystems ist das *Gauß-Verfahren,* das sich auch in BASIC programmieren läßt. Mit den bisher vorgestellten Programmiermöglichkeiten stößt man dabei allerdings auf Schwierigkeiten: Bevor der Rechner das Problem bearbeiten kann, müssen die Daten eingegeben werden, das sind die n^2 Koeffizienten und die n Komponenten der rechten Seiten. Für jede dieser Zahlen wird eine eigene Variable mit einem eigenen Namen benötigt. Mit den bisher betrachteten Programmiermöglichkeiten würde man außerdem bei der Eingabe für jede Variable eine eigene INPUT-Anweisung benötigen, und jede Änderung der Dimension n des Problems würde eine Änderung des Programms erfordern.

Um Schwierigkeiten dieser Art zu beheben, bietet BASIC die Möglichkeit, *indizierte Variablen* zu verwenden, für das lineare Gleichungssystem etwa die Variablen

X (1), ..., X (N), B (1), ..., B (N), C (1,1), .. , C (N, N).

Anders als die bisher benutzten Variablen können indizierte Variablen nicht einfach in einem Programm aufgerufen, sondern ihre Verwendung muß vorher vereinbart werden. Dies geschieht durch die DIM-Anweisung mit der allgemeinen Form

| DIM Feldvereinbarung, Feldvereinbarung, ...

Eine *Feldvereinbarung* hat die Gestalt

| Name (arithmetischer Ausdruck)

oder

| Name (arithmetischer Ausdruck, arithmetischer Ausdruck)

Für die Namen gelten dieselben Regeln wie für die Namen einfacher Variablen. Die Sonderrolle der Standardvariablen A (1), ... , A (26) ist zu beachten. Bei den Rechnern PC-1246/47 und PC-1251 sollten Sie daher den Buchstaben A bei Feldvereinbarungen sicherheitshalber nicht verwenden.

Der Rechner bestimmt die ganzzahligen Anteile der arithmetischen Ausdrücke in den Feldvereinbarungen, die zwischen Ø und 225 liegen müssen. Durch sie sind die *Feldgrenzen* festgelegt:

     DIM X (N)

bewirkt, daß von nun an die N + 1 indizierten Variablen X (Ø), ..., X (N) im Programm benutzt werden dürfen; der Rechner hat für sie Speicherplatz reserviert.

Entsprechend schafft

     DIM Y (N, M)

die Möglichkeit, die (N + 1) * (M + 1) indizierten Variablen

Y (Ø, Ø)	Y (Ø, 1)	...	Y (Ø, M)
Y (1, Ø)	Y (1, 1)	...	Y (1, M)
....
Y (N, Ø)	Y (N, 1)	...	Y (N, M)

zu verwenden. Die Gesamtheit der indizierten Variablen mit demselben Namen heißt ein *Feld*.

Unmittelbar nach ihrer Vereinbarung durch die DIM-Anweisung setzt der Rechner alle indizierten Variablen zu Null.

Während die bisher betrachteten Programme die Speicherkapazität der SHARP-Rechner nicht ausschöpfen, kann diese durch DIM-Anweisungen leicht überschritten werden. Nach der Anweisung

DIM C (99,99)

müßte der Rechner 100 * 100 = 10000 Speicherplätze einrichten, wodurch seine Kapazität gesprengt würde, was zu einer Fehlermeldung führt.

Während des Programmlaufs darf ein Feld nur einmal durch eine DIM-Anweisung vereinbart werden.

Nach der Vereinbarung eines Feldes können seine indizierten Variablen wie andere Variablen im Programm verwendet werden. Ihr Aufruf hat die allgemeine Form

| Name (arithmetischer Ausdruck)

oder

| Name (arithmetischer Ausdruck, arithmetischer Ausdruck).

Die ganzzahligen Anteile der Werte der arithmetischen Ausdrücke werden bestimmt, sie müssen innerhalb der vereinbarten Feldgrenzen liegen. Der Rechner stellt auf diese Weise fest, um welche indizierte Variable es sich handelt.

Beispiel: *Daten des linearen Gleichungssystems*

```
10: INPUT "DIMENSION=";N
20: DIM C(N, N), X (N), B (N)
30: WAIT 30
40: FOR I = 1 TO N
50: FOR J = 1 TO N
60: PRINT "C"; I; J;"=?"
70: INPUT C (I, J)
80: NEXT J
90: PRINT "B"; I;"=?"
100: INPUT B (I)
110: NEXT I
120: WAIT
```

Anmerkungen:

a) In Zeile 20 sind mehr indizierte Variablen vereinbart als tatsächlich benötigt, nämlich alle, in denen ein Index 0 auftritt. Wir leisten uns diesen Luxus, um die Indizes nicht gegenüber dem Ausgangsproblem verändern zu müssen.

b) In den Zeilen 60 und 90 wurde die PRINT-Anweisung benutzt, um den Komfort der Eingabe zu erhöhen. Jeweils direkt vor der INPUT-Anweisung wird im Anzeigefeld eine halbe Sekunde lang angezeigt, die Eingabe welcher indizierten Variablen der Rechner erwartet. Wer die Dauer dieser Anzeige erhöhen will, muß Zeile 30 entsprechend verändern.

Testproblem: Man überprüfe dieses Teilprogramm an folgendem Beispiel:

$$3x_1 - 4x_2 + x_3 = 14$$
$$x_1 + 2x_2 - x_3 = -6$$
$$2x_1 + x_2 + x_3 = 3$$

Nach Ende des Programmlaufs läßt sich die richtige Eingabe überprüfen, indem man

$C(1,1)$ $\boxed{\text{ENTER}}$, $C(1,2)$ $\boxed{\text{ENTER}}$ ... usw.

eintippt und sich so die aktuellen Werte der indizierten Variablen ausgeben läßt.

Beispiel: *Eliminationsverfahren*

Die Idee des Gauß'schen Eliminationsverfahrens besteht darin, das ursprüngliche Gleichungssystem umzuformen in ein gleichwertiges Gleichungssystem der Gestalt

$$c_{11}x_1 + c_{12}x_2 + ... + c_{1,n-1}x_{n-1} + c_{1n}x_n = b_1$$
$$c_{22}c_2 + ... + c_{2,n-1}x_{n-1} + c_{2n}x_n = b_2$$
$$.................................$$
$$c_{n-1,n-1}x_{n-1} + c_{n-1,n}x_n = b_{n-1}$$
$$c_{nn}x_n = b_n$$

Ein solches Gleichungssystem in *Dreiecksform* läßt sich leicht lösen, indem man die einzelnen Gleichungen von unten nach oben nacheinander löst.

Um aus dem ursprünglichen linearen Gleichungssystem ein gleichwertiges Gleichungssystem in Dreiecksform herzustellen, sind die Koeffizienten $C(I, J)$ und die Komponenten der rechten Seite $B(I)$ umzuformen. Es werden geeignete Vielfache einer Gleichung von den anderen Gleichungen subtrahiert mit dem Ziel, alle $C(I, J)$ mit $I > J$ zu eliminieren, d. h. zu Null zu machen.

Testproblem: Für das obige Testproblem wird nacheinander

— das $(1/3)$-fache der 1. Gleichung von der 2. Gleichung subtrahiert,
— das $(2/3)$-fache der 1. Gleichung von der 3. Gleichung subtrahiert.

Man erhält als neues Gleichungssystem:

$$3x_1 - 4x_2 + x_3 = 14$$
$$\frac{10}{3}x_2 - \frac{4}{3}x_3 = \frac{-32}{3}$$
$$\frac{11}{3}x_2 + \frac{1}{3}x_3 = \frac{-19}{3}$$

Sodann wird das (11/10)-fache der 2. Gleichung von der 3. Gleichung subtrahiert mit dem Ergebnis

$$3x_1 - 4x_2 + x_3 = 14$$
$$\frac{10}{3}x_2 - \frac{4}{3}x_3 = \frac{-32}{3}$$
$$\frac{9}{5}x_3 = \frac{27}{5}$$

Flußdiagramm zur Umformung auf Dreiecksgestalt:

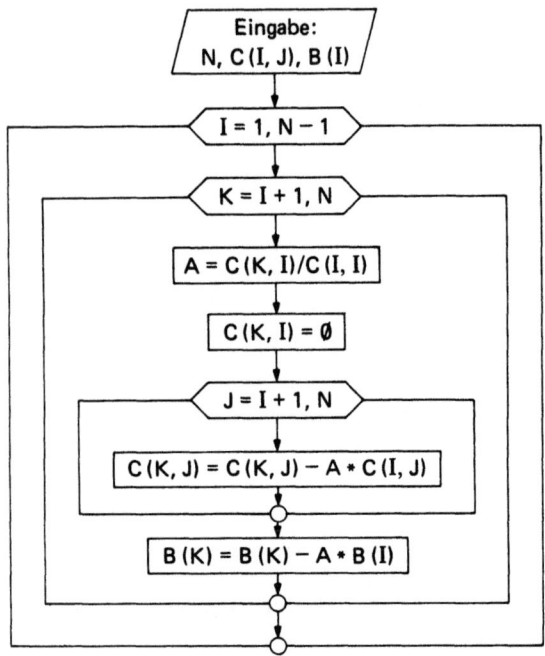

Im zugehörigen Programm wird zwischen den Zeilen 160 und 320 noch Platz gelassen für eine Verbesserung des Verfahrens, die später begründet wird:

```
160: FOR I = 1 TO N − 1          360: C (K, J) = C (K, J) − A * C (I, J)
320: FOR K = I + 1 TO N          370: NEXT J
330: A = C (K, I)/C (I, I)        380: B (K) = B (K) − A * B (I)
340: C (K, I) = 0                 390: NEXT K
350: FOR J = I + 1 TO N          400: NEXT I
```

Man überprüfe das bisher erstellte Programm an dem oben durchgerechneten Testproblem.

Ist die Dreiecksgestalt hergestellt, so läßt sich die Lösung leicht durch *Rückwärtseinsetzen* bestimmen.

Flußdiagramm zum Rückwärtseinsetzen:

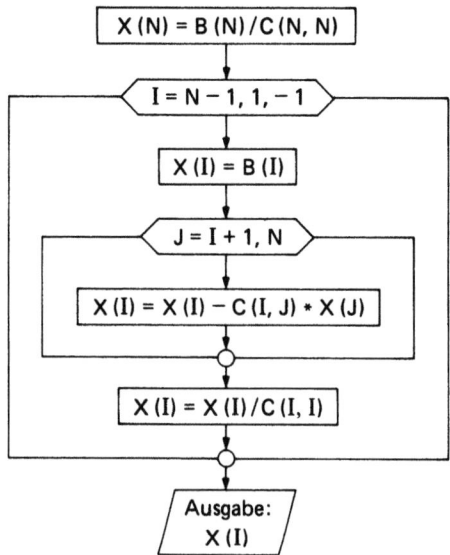

Man gehe das Flußdiagramm anhand des Testproblems durch. Es ergeben sich hier die Werte

$$x_3 = 3, \quad x_2 = -2, \quad x_1 = 1.$$

Das zugehörige Programm lautet:

```
420: X (N) = B (N)/C (N, N)          480: X (I) = X (I)/C (I, I)
430: FOR I = N − 1 TO 1 STEP − 1     490: NEXT I
440: X (I) = B (I)                   500: FOR I = 1 TO N
450: FOR J = I + 1 TO N              510: PRINT "X"; I; "="; X (I)
460: X (I) = X (I) − C (I, J) * X (J) 520: NEXT I
470: NEXT J                          530: END
```

Man führe das gesamte bisher erstellte Programm mit dem Testproblem durch. Es ergeben sich die folgenden, durch Rundungsfehler leicht verfälschten Werte:

```
X1=  0.999999998
X2=−2.000000001
X3=  3.000000002
```

Testproblem 2:
$$9x_1 + 9x_2 + x_3 - 3x_4 = 4$$
$$3x_1 + 6x_2 + x_3 + 2x_4 = 0$$
$$x_1 + 5x_2 + x_3 - x_4 = -6$$
$$x_1 - x_2 - x_3 + x_4 = 6$$

Man überzeugt sich durch Einsetzen in die Gleichungen, daß

$$x_1 = 2, \quad x_2 = -1, \quad x_3 = -2, \quad x_4 = 1$$

die Lösung dieses Problems ist.

Führt man das obige Programm für dieses Problem durch, so liefert der Rechner die Werte

$$X1 = 1.634332746 \quad X2 = -2.686654907 \quad X3 = -5.291005291 \quad X4 = 1,$$

für x_1, x_2 und x_3 also völlig falsche Ergebnisse.

Führt man das Gauß-Verfahren für das Testproblem 2 manuell durch, so ergeben sich bei der Umformung auf Dreiecksgestalt als Zwischenergebnisse die linearen Gleichungssysteme

$$9x_1 + 9x_2 + x_3 - 3x_4 = 4$$
$$3x_2 + \frac{2}{3}x_3 + 3x_4 = -\frac{4}{3}$$
$$4x_2 + \frac{8}{9}x_3 - \frac{2}{3}x_4 = -\frac{58}{9}$$
$$-2x_2 - \frac{10}{9}x_3 + \frac{4}{3}x_4 = \frac{50}{9}$$

und

$$9x_1 + 9x_2 + x_3 - 3x_4 = 4$$
$$3x_2 + \frac{2}{3}x_3 + 3x_4 = -\frac{4}{3}$$
$$-\frac{14}{3}x_4 = -\frac{14}{3}$$
$$-\frac{2}{3}x_3 + \frac{10}{3}x_4 = \frac{14}{3}$$

Beim Übergang vom ersten zum zweiten Zwischenergebnis ist das (4/3)-fache der 2. Gleichung von der 3. Gleichung zu subtrahieren. Hierdurch wird $c_{33} = 0$. Im nächsten Schritt des Gauß-Verfahrens müßte durch c_{33} dividiert werden (in der Programmzeile 330), was für $c_{33} = 0$ aber gar nicht möglich ist. Tatsächlich funktioniert das Verfahren in der bisher beschriebenen Form nur dann, wenn alle Koeffizienten c_{ii}, durch die in Zeile 330 und Zeile 420 dividiert wird, von Null verschieden sind. Im Testproblem 2 ist das offenbar nicht der Fall. Man kann sich hier dadurch weiterhelfen, daß man die (neue) 3. Gleichung mit der 4. Gleichung vertauscht, wodurch c_{33} wieder von Null verschieden wird.

Bei der Durchführung des Testproblems 2 hätte der Rechner eigentlich mit einer Fehlermeldung reagieren müssen, da ihm eine Division durch 0 zugemutet wurde. Das hat er aber nicht, sondern statt dessen ein falsches Ergebnis geliefert. Der Grund liegt darin, daß $c_{33} = 0$ durch Subtraktion von zwei gleichgroßen Zahlen zustande kommt, die im Rechner aber nur fast gleich groß sind (s. Abschnitt 1.6), und der Rechner die Rechnung

$$C(3,3) = C(3,3) - A * C(2,3) =$$
$$= 0.8888888889 - 1.333333333 * 0.6666666667 = 1.89E - 10$$

durchführt. Demnach ist das Subtraktionsergebnis nicht exakt $\emptyset$. Der Rechner kann daher das einprogrammierte Verfahren weiter durchführen, einschließlich der an sich verbotenen Division, die mit den im Rechner gespeicherten Werten durchführbar ist. Nur haben die erzielten Ergebnisse mit den exakten Werten nichts mehr zu tun.

Es genügt daher nicht, einen Zeilentausch nur dann durchzuführen, wenn der Koeffizient, durch den man dividieren will, gleich Null ist. Um sicherzugehen, bringt man vielmehr denjenigen Koeffizienten durch Zeilentausch an die Stelle c_{ii}, der von Null am weitesten entfernt ist. Dieser Koeffizient wird auch *Pivotelement* genannt.

Jetzt kann noch der Fall eintreten, daß selbst das Pivotelement gleich Null ist oder doch so klein, daß man nicht sicher sein kann, ob die Abweichung von Null nicht nur durch Rundungsfehler zustandegekommen ist. Ist das Pivotelement tatsächlich gleich Null, so besitzt das linare Gleichungssystem keine eindeutige Lösung, wie ein Satz aus der Linearen Algebra (das ist die Theorie der linearen Gleichungssysteme) besagt. Wegen möglicher Rundungsfehler soll sicherheitshalber angenommen werden, daß dieser Fall bereits dann vorliegt, wenn das Pivotelement betragsmäßig unterhalb einer kleinen, vorgegebenen Zahl (z. B. $1 E - 8$) liegt.

Hieraus ergibt sich die folgende, bereits angekündigte Ergänzung des bisher erstellten Programms zum Gauß-Verfahren:

```
150 : INPUT "PIVOTELEMENT >=" ; P
169 : REM PIVOTSUCHE
170 : L = I
180 : FOR K = I + 1 TO N
190 : IF ABS C (K, I) <= ABS C (L, I) THEN 210
200 : L = K
210 : NEXT K
211 : REM ENDE PIVOTSUCHE
220 : IF ABS C (L, I) < P THEN 540
230 : IF L = I THEN 320
239 : REM ZEILENTAUSCH
240 : FOR J = 1 TO N
250 : T = C (I, J)
260 : C (I, J) = C (L, J)
270 : C (L, J) = T
280 : NEXT J
290 : T = B (I)
300 : B (I) = B (L)
310 : B (L) = T
311 : REM ENDE ZEILENTAUSCH
410 : IF ABS C (N, N) < P THEN 540
530 : GOTO 550
540 : PRINT "KEINE LOESUNG"
550 : END
```

Man überprüfe das gesamte Programm am Testproblem 2. Es ergibt sich die exakte Lösung.

Testproblem 3:
$$3x_1 - 2x_2 + 4x_3 - 5x_4 = -2$$
$$2x_1 + x_2 - 3x_3 + 2x_4 = 2$$
$$2x_1 - x_2 - 2x_3 - 2x_4 = -3$$
$$x_1 + 3x_2 + 4x_3 + 5x_4 = 13$$

Es läßt sich zeigen, daß dieses Problem keine eindeutige Lösung besitzt. Der Rechner müßte daher

KEINE LOESUNG

ausgeben. Er tut dies auch, sofern man

Pivotelement $>= 1 E - 8$

eingibt. Gibt man dagegen

Pivotelement $>= 1 E - 1\emptyset$

ein, so gibt der Rechner ein Phantasieergebnis aus.

Beispiel: *Elektrisches Netzwerk*

Für das zu Anfang dieses Abschnitts angegebene elektrische Netzwerk seien die folgenden Widerstände (in Ohm) und Spannungen (in Volt) gegeben:

$R_1 = 7$, $R_2 = \emptyset.5$, $R_3 = 3$, $R_4 = 2$, $R_5 = 1\emptyset$, $R_6 = \emptyset.1$, $U_1 = 6$, $U_2 = 12$

Damit erhält man als Koeffizienten und rechte Seiten des zugehörigen linearen Gleichungssystems die Zahlen

1	$\emptyset$	-1	1	$\emptyset$	$\emptyset$	$\emptyset$
$\emptyset$	1	-1	$\emptyset$	1	$\emptyset$	$\emptyset$
1	-1	$\emptyset$	$\emptyset$	$\emptyset$	-1	$\emptyset$
7	$\emptyset$	$\emptyset$	-2	$\emptyset$	$\emptyset.1$	6
$\emptyset$	$\emptyset$	3	2	$1\emptyset$	$\emptyset$	12
$\emptyset$	$-\emptyset.5$	$\emptyset$	$\emptyset$	$1\emptyset$	$\emptyset.1$	12

Nach Eingabe dieser Zahlen und

PIVOTELEMENT $>= 1 E - 8$

erhält man als Ergebnis die Stromstärken (in Ampere)

$I_1 = \emptyset.7390639343$ $I_2 = -\emptyset.7476292417$ $I_3 = \emptyset.4\emptyset\emptyset1223633$
$I_4 = -\emptyset.3389415708$ $I_5 = 1.147751605$ $I_6 = 1.486693177$

Beispiel: *Horner Schema*

Funktionswert und Ableitung eines Polynoms

$$p(x) = a_{\emptyset} + a_1 x + a_2 x^2 + \ldots + a_m x^m$$

werden am schnellsten mit dem Horner Schema berechnet:

$b_m = a_m$, $b_{i-1} = b_i x + a_{i-1}$ für $i = m, m-1, \ldots, 1$
$c_m = b_m$, $c_{i-1} = c_i x + b_{i-1}$ für $i = m, m-1, \ldots, 2$

Es ist dann

$$p(x) = b_0, \quad p'(x) = c_1.$$

Aufgabe 24: Man schreibe, beginnend mit der Programmzeile 200, ein Unterprogramm zur Berechnung von $Y = p(X)$ und $Z = p'(X)$ für das Polynom $p(x) = a_0 + a_1 x + \dots + a_m x^m$.
Man ergänze das Programm aus Aufgabe 23 (Newtonverfahren) durch dieses Unterprogramm sowie die Eingabe der Koeffizienten $a_0, \dots, a_m$. Man teste das Programm für verschiedene Startwerte zwischen -1 und $+3$ mit dem Polynom

$$p(x) = 2 - 4x - 7x^2 + 3x^3.$$

3.7 Textverarbeitung

In den bisherigen Abschnitten wurden die SHARP-Computer als Rechner behandelt, in die man Zahlen eingeben kann, die mit diesen Zahlen Rechnungen durchführen und anschließend die Ergebnisse ihrer Rechnungen wieder ausgeben.

Parallel zu diesem Bereich der *numerischen Rechnungen* enthält die Programmiersprache BASIC einen Bereich zum Zwecke der *Textverarbeitung,* der weitgehend analog aufgebaut ist. Die Analogien sind in der folgenden Tabelle zusammengestellt:

numerische Rechnungen	Textverarbeitung
Zahlen	Textkonstanten
Verknüpfungen $+, -, *, /, \wedge$	Verknüpfung $+$
Funktionen	Textfunktionen
Variablen	Textvariablen
Felder	Textfelder
indizierte Variablen	indizierte Textvariablen
arithmetische Ausdrücke	Textausdrücke
Wertzuweisung	Textzuweisung
Ein- und Ausgabeanweisungen INPUT, PRINT	Ein- und Ausgabeanweisungen INPUT, PRINT
Vergleiche $=, <, >, <=, >=,$ $< >$ in IF-THEN-Anweisungen	Textvergleiche $=, <, >, < >$ in IF-THEN-Anweisungen

So wie die Zahlen die Grundelemente aller Rechnungen sind, sind die *Textkonstanten* die Grundelemente für die Arbeit mit Texten. Eine Textkonstante hat die Form

| "Text",

wobei der Text aus einer beliebigen Folge von Zeichen mit Ausnahme der Anführungsstriche bestehen kann. Die Anführungsstriche schließen den Text ein, sie kennzeichnen die eingeschlossene Zeichenfolge für den Rechner als Text (im Gegensatz etwa zu einer Zahl oder einem BASIC-Befehl). Ein Text kann auch Leerzeichen ⎡SPC⎤ enthalten. Der kürzestmögliche Text enthält überhaupt kein Zeichen:

" " heißt der *leere Text.*

Zwei Textkonstanten lassen sich miteinander verknüpfen, allerdings nur auf eine einzige Weise, nämlich durch das Additionszeichen +. Diese *Verknüpfung* bewirkt, daß die beiden Texte hintereinandergeschrieben werden.

Beispiel: Betriebsart RUN

Eingabe	Ausgabe
"PC–1245"+"–COMPUTER" ⎡ENTER⎤	PC-1245–COMPUTER

Bei der Ausgabe von Texten läßt der Rechner die Anführungsstriche weg.

Wie Zahlen lassen sich auch Texte speichern, die zugehörigen Speicherplätze heißen *Textvariablen*; im Gegensatz dazu werden die Variablen zur Speicherung von Zahlen auch *numerische Variablen* genannt. Die *Namen* von Textvariablen unterscheiden sich von denen der numerischen Variablen dadurch, daß zusätzlich das Zeichen $ an ihrem Ende steht, also z.B. C$. Ansonsten gelten dieselben Regeln wie für die Namen von numerischen Variablen. Auf einer Textvariablen läßt sich ein Text mit maximal 7 bzw. 16 Zeichen speichern (siehe S. 15). Eine *Textzuweisung*

| Name$="Text"

weist einer Textvariablen einen Text zu.

Beispiel: Betriebsart RUN im PC-1245

Eingabe		Ausgabe
A$="HANS"		HANS
B$="WURST"	⎡ENTER⎤	WURST
C$=A$+B$		HANSWURST
C$		HANSWUR
D$=SHARP		ERROR 9

Den auf einer Textvariablen gespeicherten Text bringt man, analog zu dem Vorgehen bei numerischen Variablen, durch die Eingabe von

| Name$ ⎡ENTER⎤

in Erfahrung. Dem Beispiel kann man außerdem entnehmen, daß auf der rechten Seite einer Textzuweisung nicht nur eine Textkonstante, sondern auch eine Textvariable oder mehrere durch + verknüpfte Textkonstanten und -variablen stehen dürfen.

Eine *Textzuweisung* hat also die allgemeine Form

| Name$ = Textausdruck

wobei ein *Textausdruck* (vorläufig) aus einer Textkonstanten, einer Textvariablen oder mehreren Textkonstanten und -variablen bestehen kann, die durch das Zeichen + verknüpft sind. Im Zusammenhang mit Textfunktionen werden Textausdrücke noch eine etwas kompliziertere Gestalt bekommen.

Wie bei numerischen Variablen gibt es auch *Textfelder* und damit *indizierte Textvariablen,* die vor ihrer Benutzung durch die DIM-Anweisung vereinbart werden müssen. Eine *Feldvereinbarung* für ein Textfeld kann dieselbe Form wie die für ein (numerisches) Feld haben, also z. B.

DIM C$(9), B$(9,7), ...,

wobei auch hier das Zeichen $ am Ende des Namens stehen muß. In diesem Fall werden entsprechende indizierte Textvariablen eingerichtet, die alle Texte mit maximal 16 Zeichen speichern können. Will man diese Speicherkapazität ändern, so muß man dies in der Feldvereinbarung angeben:

| DIM Name$ (arithm. Ausdruck) ∗ arithm. Ausdruck

Der ganzzahlige Anteil des in den Klammern stehenden arithmetischen Ausdrucks legt, wie stets bei Feldern, die Feldgrenzen und damit die Zahl der eingerichteten indizierten Textvariablen fest. Der ganzzahlige Anteil des arithmetischen Ausdrucks am Ende nach dem Zeichen ∗, der zwischen 1 und 80 liegen muß, legt fest, wieviele Zeichen maximal von einer indizierten Textvariablen gespeichert werden. Dasselbe gilt entsprechend für die Vereinbarung doppelt indizierter Textfelder.

Will man also Texte speichern, die mehr als 7 bzw. 16 Zeichen enthalten, so muß man dazu indizierte Textvariablen verwenden oder aber die Texte in kleinere Teile zerlegen und auf verschiedenen Variablen speichern.

Beispiel: Das Programm

```
10 : DIM C$ (4) ∗ 5
20 : FOR I = 0 TO 4
30 : INPUT C$ (I)
40 : NEXT I
50 : FOR I = 0 TO 4
60 : PRINT C$ (I); I + 1
70 : NEXT I
80 : END
```

wird wie üblich in der Betriebsart PRO in den Rechner eingegeben und in der Betriebsart RUN mit RUN ENTER gestartet. Auf die INPUT-Anweisung in Zeile 30 reagiert der Rechner wie üblich mit einem Fragezeichen im Anzeigefeld. Er erwartet jetzt die Eingabe einer Textkonstanten. Hierbei ist zu beachten:

> Bei der Eingabe von Textkonstanten über eine INPUT-Anweisung sind die Anführungsstriche wegzulassen.

Nach Eingabe von SABINE ENTER CLAUS ENTER ULRIKE ENTER TILL ENTER RIBQA ENTER speichert der Rechner eine Namensliste, die aus den jeweils 5 ersten Buchstaben dieser Namen besteht. Durch die PRINT-Anweisung in Zeile 60 werden diese Namen zusammen mit ihrer Stellung in der Liste wieder ausgegeben:

> SABIN 1   CLAUS 2   ULRIK 3   TILL 4   RIBQA 5.

Es macht in diesem Beispiel natürlich nicht viel Sinn, in Zeile 10 die maximale Länge der gespeicherten Texte auf 5 festzulegen. Man könnte meinen, es sei generell nicht sinnvoll, die maximale Textlänge von 7 Zeichen auf eine kleinere Zahl zu verkürzen. Diese Meinung wäre falsch, weil für die maximale Textlänge entsprechender Speicherplatz im Hauptspeicher reserviert wird: Das obige Beispielprogramm benötigt für die Vereinbarung des Feldes C\$ 32 Bytes aus dem Hauptspeicher. Mit der verkürzten Programmzeile

> 10: DIM C\$ (4)

würden hierfür 87 Bytes benötigt.

Mit der Vereinbarung eines Textfeldes durch die DIM-Anweisung werden alle neu eingerichteten indizierten Textvariablen mit dem leeren Wort belegt. Das leere Wort entspricht also der 0 bei den Zahlen. Entsprechend werden auch bei der Eingabe von

> CLEAR ENTER

alle Standard-Textvariablen mit dem leeren Wort belegt. Außerdem werden, ebenso wie die numerischen Variablen, alle Textvariablen aus dem Hauptspeicher gelöscht.

Die Form der *Ein-* und *Ausgabeanweisungen* INPUT und PRINT ist für den Bereich der Textverarbeitung völlig identisch mit der Form für den Bereich numerischer Rechnungen. Auch die Funktionsweise ist völlig analog mit einer Ausnahme: Über die INPUT-Anweisung kann einer Textvariablen nur eine Textkonstante ohne die einschließenden Anführungsstriche zugewiesen werden, aber keine sonstigen Textausdrücke.

Beispiel: Programmiert man den Rechner mit dem Programm

> 10: INPUT A\$
> 20: INPUT B\$
> 30: PRINT A\$ + B\$

so ergibt sich im Programmlauf z. B.

Eingabe		Ausgabe
RUN		?
KUNO	ENTER	?
A$		KUNO A$

Der Rechner interpretiert also die Antwort auf das zweite Fragezeichen nicht, wie er es bei numerischen Variablen entsprechend tut, als Inhalt des Textspeichers A$, sondern als die Textkonstante "A$".

Was immer man bei einer INPUT-Anweisung für eine Textvariable auch eingeben mag, der Rechner interpretiert es als Textkonstante. Will man das leere Wort eingeben, so kann man dies durch Eingabe eines einzigen Anführungszeichens " erreichen. Läßt man das obige Programm noch einmal laufen mit A$ = "Kuno" und B$ = "A$" im Speicher, so ergibt sich z. B.

Eingabe	Ausgabe
RUN [ENTER]	?
[ENTER]	?
" [ENTER]	KUNO

Das Drücken der [ENTER]-Taste allein bewirkt, wie bei numerischen Variablen auch, daß die INPUT-Anweisung übergangen wird, die Textvariable also ihren Inhalt nicht ändert.

Bei bedingten Sprunganweisungen

IF Vergleich THEN Zeilennummer

wurde bisher nur zugelassen, daß im *Vergleich* zwei Zahlen miteinander verglichen werden. BASIC bietet hier außerdem die Möglichkeit, zwei Textausdrücke miteinander zu vergleichen. Die Vergleichsoperatoren =, $<$, $>$, $<$ $>$ sind bereits vom Vergleich arithmetischer Ausdrücke bekannt, haben aber beim Vergleich von Textausdrücken eine andere Bedeutung:

Vergleich	Bedeutung
$a_1 = a_2$	Die durch a_1 und a_2 dargestellten Texte sind gleich.
$a_1 < a_2$	Der durch a_1 dargestellte Text steht lexikalisch vor dem durch a_2 dargestellten Text.
$a_1 > a_2$	$a_2 < a_1$
$a_1 < > a_2$	Die durch a_1 und a_2 dargestellten Texte sind verschieden.

Die *lexikalische Ordnung,* von der in der Tabelle die Rede ist, ist die Ordnung, nach der auch die Reihenfolge der Stichworte in einem Lexikon festgelegt ist.

Danach ist also

"HANS" < "HAUS"   und   "TAUBE" > "TAUB".

Die hier verwendete lexikalische Ordnung unterscheidet sich allerdings etwas von der üblicherweise in Lexika verwendeten. Sie stimmt damit überein, solange man Texte miteinander vergleicht, die nur aus (großen) Buchstaben bestehen, weicht aber bei der Verwendung von Zahlen oder sonstiger Zeichen (Bindestrich) davon ab.

In den Anhängen der Bedienungsanleitungen finden sie in der ASCII-Tabelle eine Liste aller in BASIC möglichen Zeichen. Die dort angegebene Reihenfolge liegt auch der lexikalischen Ordnung der SHARP-Rechner zugrunde.

In einem Programm z. B. zur Herstellung der alphabetischen Reihenfolge einer Namensliste sollte man für die Texte der Einfachheit halber nur Buchstaben verwenden.

Beispiel: *Alphabetische Namensliste*

Mit dem folgenden Programm speichert der Rechner eine Liste eingegebener Namen in alphabetischer Reihenfolge auf einem Textfeld ab.

```
  1: REM ALPHABETISCHE LISTE        110: NEXT K
 10: INPUT "MAX ANZAHL="; N         120: K = Ø
 20: INPUT "MAX LAENGE="; M         130: C$ (K + 1) = C$ (Ø)
 30: DIM C$ (N) * M                 140: C$ (Ø) = " "
 40: INPUT "NAME="; C$ (1)          150: NEXT I
 50: FOR I = 1 TO N − 1             160: I = N
 60: INPUT "NAME="; C$(Ø)           170: PRINT I; "NAMEN"
 70: IF IF C$ (Ø) = ""THEN 170      180: FOR K = 1 TO I
 80: FOR K = I TO 1 STEP − 1        190: PRINT K;" "+ C$ (K)
 90: IF C$ (K) < C$ (Ø) THEN 130    200: NEXT K
100: C$ (K + 1) = C$ (K)            210: END
```

Anmerkungen zum Programm:

1. Die eingegebenen Namen sollen auf dem Textfeld C$ abgespeichert werden, das zunächst in geeigneter Größe vereinbart wird.

2. Jeder neu eingegebene Name außer dem ersten wird zunächst auf C$ (Ø) gespeichert. Ist C$ (Ø) der leere Text (Zeile 7Ø) oder ist die maximale Anzahl N einzugebender Namen erreicht, so wird die Eingabe beendet.

3. In den Zeilen 8Ø bis 13Ø wird C$ (Ø) in die bereits in alphabetischer Reihenfolge gespeicherten Namen in C$ (1) bis C$ (I) einsortiert, wie es der alphabetischen Ordnung entspricht. Abschließend wird C$ (Ø) = " " gesetzt, so daß es genügt, bei der nächsten Eingabe die ENTER -Taste zu drücken, wenn die Namensliste erschöpft ist.

4. Zuletzt werden die Namen in alphabetischer Reihenfolge zusammen mit ihrem Platz in der Liste wieder ausgegeben.

Programmlauf:

A. Eingabe der maximalen Anzahl von Namen, die die Liste umfassen soll. Es ist nicht nötig, die Zahl der Namen vorher zu zählen, man darf sie auch überschätzen.

B. Eingabe der maximalen Länge der Namen. Es dürfen auch längere Namen eingegeben werden, die dann aber nicht in voller Länge gespeichert werden.

C. Eingabe der Namen in Großbuchstaben und ohne Anführungsstriche. Abschließend die ⌈ENTER⌉-Taste drücken. Wenn alle Namen eingegeben sind, nur noch die ⌈ENTER⌉-Taste drücken.

D. Der Rechner gibt zunächst aus, wieviele Namen er erfaßt hat. Durch jeweiliges Drücken der ⌈ENTER⌉-Taste wird dann ein Name nach dem anderen in alphabetischer Reihenfolge zusammen mit seinem Platz in der Liste ausgegeben.

Beispiel zum Programmlauf: Nach jeder Zeile ⌈ENTER⌉-Taste drücken.

A. Maximale Anzahl = 8

B. Maximale Laenge = 7

C. Name = SABINE

Name = CLAUS

Name = ULRIKE

Name = TILL

Name = RIBQA

Name =

D. 5 Namen

1 CLAUS

2 RIBQA

3 SABINE

4 TILL

5 ULRIKE

BASIC kennt drei *Textfunktionen*, die einem Text einen anderen Text zuordnen, der ein Teil des ursprünglichen Textes ist: LEFT\$, RIGHT\$ und MID\$.

| LEFT\$ (Textausdruck, arithmetischer Ausdruck)

bewirkt, daß der Rechner den ganzzahligen Anteil N des arithmetischen Ausdrucks berechnet und dann die *ersten* N Zeichen des Textausdrucks als Ergebnis von LEFT\$ bildet. N muß dabei zwischen $\emptyset$ und $8\emptyset$ liegen ($8\emptyset$ ist die maximale Länge einer Textkonstanten). Ist N = $\emptyset$, so ist das leere Wort das Ergebnis. Ist N größer oder gleich der Länge des Textausdrucks, so ist der gesamte Text selbst das Ergebnis.

| RIGHT\$ (Textausdruck, arithmetischer Ausdruck)

wirkt entsprechend, nur daß die *letzten* N Zeichen das Ergebnis bilden.

| MID\$ (Textausdruck, arithm. Ausdruck, arithm. Ausdruck)

entnimmt dem Textausdruck eine *Zeichenfolge aus der Mitte*. Der ganzzahlige Anteil des ersten arithmetischen Ausdrucks kennzeichnet die Position des ersten Zeichens, der ganzzahlige Anteil des zweiten arithmetischen Ausdrucks kennzeichnet die Länge der zu entnehmenden Zeichenfolge.

Beispiel: Betriebsart RUN

Eingabe		Ausgabe
A$ = "WERNER"		WERNER
LEFT$ (A$, 3)		WER
RIGHT$ (A$, 8)	ENTER	WERNER
B$ = MID$ (A$, 2, 3) + "IE"		ERNIE
LEFT$ (A$, 3) + "? " + B$		WER? ERNIE

In den letzten beiden Eingaben dieses Beispiels wurden bereits Textfunktionen in *Textausdrücke* eingebaut. Das ist analog zur Verwendung numerischer Funktionen in arithmetischen Ausdrücken möglich: Textfunktionen können überall in Textausdrücken anstelle von Textkonstanten oder Textvariablen eingesetzt werden.

Will man ein Programm zur Umformung von Texten auf Texte verschiedener Länge anwenden, so ist es notwendig, die Länge dieser Texte bestimmen zu können. Das leistet die Funktion LEN. Durch

| LEN Textkonstante   oder   LEN Textvariable
| oder   LEN (Textausdruck)

wird die Länge des zugehörigen Textes bestimmt. LEN ist eine numerische Funktion, d. h. sie hat eine Zahl zum Ergebnis, und kann daher auch in arithmetischen Ausdrücken wie andere Funktionen verwendet werden.

Beispiel: Betriebsart RUN

Eingabe		Ausgabe
LEN "WERNER"		6
A$ = "ERNIE"		ERNIE
LENA$	ENTER	5
B$ = RIGHTS (A$, 3)		NIE
LEN (B$ + " " + A$)		9

Aufgabe 25: Man schreibe ein Programm, das nach Eingabe eines Textes durch eine INPUT-Anweisung diesen in umgekehrter Reihenfolge wieder ausgibt.

3.8 Erweiterte Programmzeilen und bedingte Anweisungen

In den bisher betrachteten Beispielprogrammen steht in jeder Programmzeile genau eine Anweisung. Wie bereits in Abschnitt 2.2 erwähnt, besteht die Möglichkeit, mehrere Anweisungen in eine Zeile zu schreiben, wobei die einzelnen Anweisungen jeweils durch einen Doppelpunkt zu trennen sind:

| Zeilennummer: Anweisung: Anweisung: Anweisung ...

Beispiel: Die Befehlsfolge

```
110:FOR I=1 TO N
120:FOR J=1 TO M                    140:NEXT J
130:PRINT "A"; I; J; "="; A(I, J)   150:NEXT I
```

läßt sich mit derselben Wirkung schreiben als

```
110:FOR I=1 TO N:FOR J=1 TO M:PRINT "A"; I; J; "="; A(I, J):NEXT J:
    NEXT I
```

Der Vorteil dieser kompakten Programmierung liegt in dem geringeren Speicherbedarf, jede eingesparte Zeile bringt 3 Bytes.

Ein Nachteil liegt in der geringeren Überschaubarkeit langer Programmzeilen und darin, daß nachträgliche Einfügungen von Anweisungen schwieriger sind.

Zu beachten ist ferner, daß die Sprungziele von Sprunganweisungen stets Programmzeilen sind. Anweisungen, die nicht am Anfang einer Programmzeile stehen, können daher mit einer GOTO-, GOSUB- oder IF-THEN-Anweisung nicht angesprungen werden.

Dagegen kann der automatische Rücksprung bei einer RETURN- nach einer voraufgegangenen GOSUB-Anweisung auch in die Mitte oder das Ende einer Programmzeile erfolgen. Es wird stets auf die der GOSUB-Anweisung folgende Anweisung zurückgesprungen.

Es sieht so aus, als würden Programmzeilen mit mehreren Anweisungen keine wesentlich neuen Programmiermöglichkeiten bieten. Diese ergeben sich in der Tat erst im Zusammenhang mit bedingten Anweisungen:

Die BASIC-Grundversion kennt Vergleiche nur im Zusammenhang mit bedingten Sprunganweisungen (siehe Abschnitt 3.2)

> IF Vergleich THEN Zeilennummer

Diese sind Spezialfälle von *bedingten Anweisungen* in der allgemeineren Form

| IF Vergleich Befehl

Der Vergleich hat dieselbe Form wie in der bedingten Sprunganweisung. Der Befehl kann

> THEN Zeilennummer

lauten, muß es aber nicht. Stattdessen kann auch jeder beliebige andere BASIC-Befehl dort stehen. Handelt es sich dabei um eine *Wertzuweisung,* so muß diese die Form

| LET Variable=arithmetischer Ausdruck

und im Falle einer *Textzuweisung* die Form

| LET Textvariable=Textausdruck

haben; Wertzuweisungen wird also das BASIC-Wort LET vorangestellt. Alle übrigen BASIC-Befehle bleiben bei ihrer Verwendung innerhalb einer bedingten Anweisung unverändert.

Die Wirkung einer bedingten Anweisung ist nun die folgende: Der Rechner prüft, ob die im Vergleich gemachte Aussage wahr oder falsch ist. Ist sie falsch, so geht er sofort zur nächsten Programm*zeile,* auch wenn in derselben Programmzeile noch weitere Befehle folgen. Ist sie wahr, so werden alle auf den Vergleich folgenden Befehle wie üblich nacheinander ausgeführt.

Während also bei der bedingten Sprunganweisung der Unterschied zwischen einem wahren und einem falschen Vergleich nur in einem einzigen Sprungbefehl besteht, kann er bei einer bedingten Anweisung unter Verwendung erweiterter Programmzeilen auch aus mehreren Befehlen bestehen. Hierdurch wird es möglich, ansonsten sehr verschachtelte Programme übersichtlicher zu schreiben und insbesondere Sprunganweisungen einzusparen.

Beispiel: Ein besonders abschreckendes Beispiel für ein verschachteltes Programm bietet die Lösung von Aufgabe 19 (Berechnung des effektiven Monatszinses mit dem Newtonverfahren). Die Programmzeilen 110 bis 220 wären ohne das zugehörige Flußdiagramm in Abschnitt 3.3 kaum noch verständlich, da durch verschiedene GOTO-Anweisungen die lineare Struktur des Programms stark durchbrochen wird. Mit bedingten Anweisungen lassen sich die Programmzeilen 110 bis 220 ersetzen durch den durchsichtigeren Programmteil

```
110: IF Z=0 THEN 150
120: E=Y/Z: X=X−E
130: IF ABS E<=DPRINT USING "##.##"; "MONATSZINS"; X * 100;
     "%"; GOTO 160
140: IF I<NLET I=I+1: GOTO 90
150: PRINT "SCHLECHTER START"
160: END
```

Beispiel: *Regula falsi*

Ein Verfahren zur Bestimmung einer Lösung der Gleichung

$$f(x) = 0,$$

das anders als das Newtonverfahren ohne die Berechnung der Ableitung $f'(x)$ auskommt, ist die *Regula falsi.* Ausgehend von zwei verschiedenen Startwerten x_0 und x_1 wird die Iteration

$$x_{n+1} = x_n - \frac{x_n - x_{n-1}}{f(x_n) - f(x_{n-1})} \cdot f(x_n)$$

durchgeführt. Ansonsten wird der Algorithmus wie das Newtonverfahren aus Abschnitt 2.6 durchgeführt (siehe Flußdiagramm).

Aufgabe 26: Man schreibe ein BASIC-Programm zur Bestimmung von Lösungen der Gleichung $f(x) = 0$ mit der Regula falsi, in dem die Funktionsauswertung $Y = f(X)$ in einem Unterprogramm vorgenommen wird. Man führe das Programm mit der Funktion $f(x) = \cos x - x$ in der Betriebsart RAD durch.

Flußdiagramm zur Regula falsi:

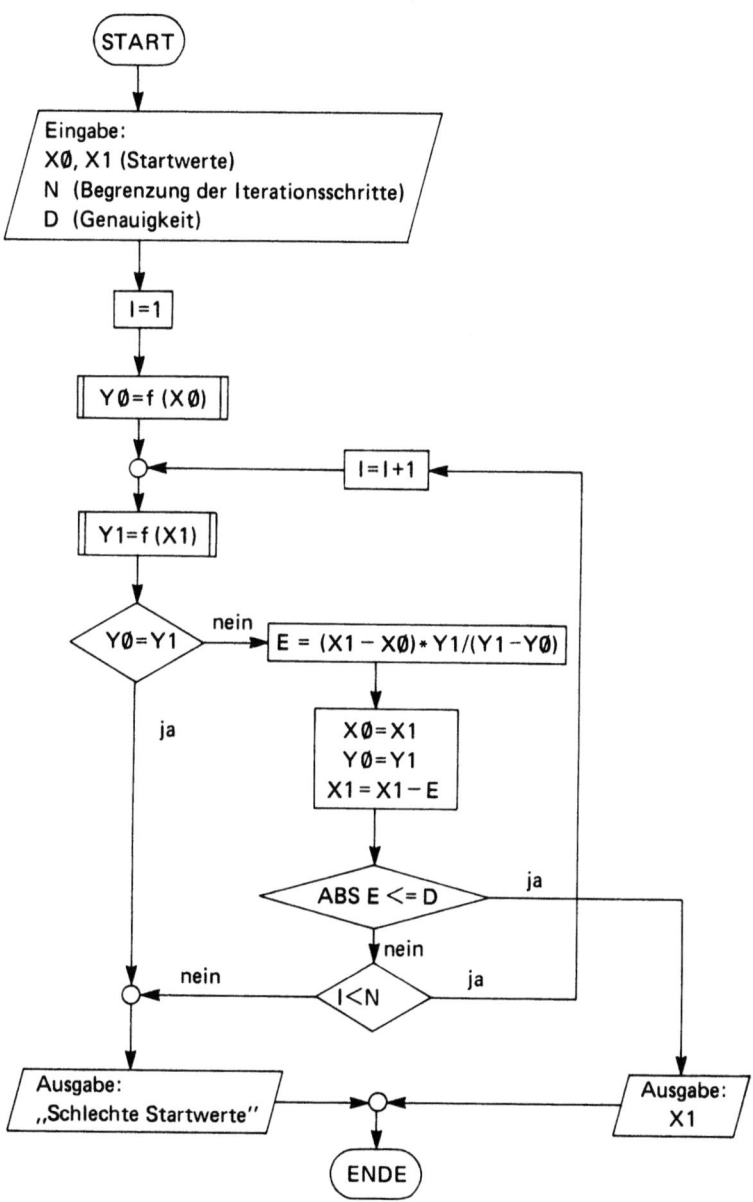

3.9 Marken, Programmnamen, Programmaufrufe

Die Zeilen eines Programms tragen in Form ihrer Zeilennummern einen
„Namen", der es ermöglicht, sie als Sprungziele von GOTO-, GOSUB- oder
IF-THEN-Anweisungen aufzurufen. Tippt man ein Programm direkt von
einem Flußdiagramm in den Rechner ein, so erweist es sich bei einer solchen
Sprunganweisung manchmal als mißlich, daß man die Zeilennummer der Zeile,
zu der der Rechner springen soll, zum Zeitpunkt des Eintippens des zugehörigen Sprungbefehls noch gar nicht kennt. In einer solchen Situation ist es
nützlich, wenn man den Namen, mit dem eine Zeile angesprochen werden
kann, frei vereinbaren darf. Die SHARP-Rechner bieten diese Möglichkeit,
indem sie erlauben, Marken zu setzen. Eine Marke ist eine Textkonstante zu
Beginn einer Programmzeile:

| Zeilennummer : Textkonstante : Anweisung : Anweisung ...

Eine Marke (engl. *label*) darf nur ganz zu Beginn einer Programmzeile stehen
und maximal 7 Zeichen enthalten. Eine Zeile, die mit einer Marke beginnt,
kann mit diesem Namen als Sprungziel angesprochen werden. Die Befehle

| GOTO Textkonstante, IF Vergleich THEN Textkonstante oder
GOSUB Textkonstante

haben dieselbe Wirkung wie die entsprechenden Befehle mit der Nummer
derjenigen Zeile anstelle der Textkonstanten, in der diese als Marke auftritt.
Es ist dann auch klar, daß die in einer Sprunganweisung auftretende Textkonstante innerhalb des Programms genau einmal als Marke vorkommen
muß. Bei der Arbeit mit Flußdiagrammen ist zu beachten, daß die Sprungziele gerade den Verbindungsstellen entsprechen, die im Flußdiagramm durch
einen Kreis symbolisiert sind. Man sollte daher im Flußdiagramm die Verbindungsstellen bereits mit einem Markennamen versehen.

Beispiel: *Regula falsi*

Versieht man im Flußdiagramm aus Abschnitt 3.1 die Verbundungsstellen
mit den Marken "NEU", "FEHLER" und "ENDE" und ein Unterprogramm
zur Funktionsauswertung mit der Marke "F", ergibt sich aus dem Flußdiagramm das folgende Programm (mit U für X0, V für X1, W für Y0, Z für Y1):

```
  1 : REM REGULA FALSI
 10 : INPUT "STARTWERTE X0=";U,"X1=";V
 20 : INPUT "SCHRITTZAHL<=";N,"GENAUIGKEIT=";D
 30 : I = 1 : X = U : GOSUB "F" : W = Y
 40 : "NEU" : X = V : GOSUB "F" : Z = Y
 50 : IF W = Z THEN "FEHLER"
 60 : E = (V−U) ∗ Z/(Z−W) : U = V : W = Z : V = V−E
 70 : IF ABS E<=D PRINT "LOESUNG="; V : GOTO "ENDE"
 80 : IF I<N LET I = I + 1 : GOTO "NEU"
 90 : "FEHLER" : PRINT "SCHLECHTER START"
100 : "ENDE" : END
200 : "F" : Y = COS X − X : RETURN
```

Die Verwendung von Marken anstelle von Zeilennummern als Sprungziele empfiehlt sich noch aus einem anderen Grund: Es gibt Situationen, z. B. wenn man man Programme erweitert, in denen es sich als notwendig erweist, Programmzeilen manuell umzunumerieren. Dies ist erheblich einfacher, wenn die Zeilennummern in den Programm-Befehlen nicht auftauchen. Auf der anderen Seite kosten Marken natürlich zusätzlichen Speicherplatz aus dem Hauptspeicher.

Anstelle der die Marken bezeichnenden Textkonstanten können in GOTO-, GOSUB- und IF-THEN-Anweisungen auch Textausdrücke stehen.

Beispiel:

```
10:"EINGABE":INPUT"
20:GOTO A$
30:"ROT":PRINT "ZIEGELROT":GOTO "EINGABE"
40:"GELB":PRINT"QUITTENGELB":GOTO "EINGABE"
50:"BLAU":PRINT "HIMMELBLAU":GOTO "EINGABE"
60:"ENDE":END
```

Nach Eingabe eines der Sprungziele ROT, GELB, BLAU oder ENDE springt der Rechner in die entsprechende Zeile und führt die dort stehenden Anweisungen aus. Nach Eingabe des Sprungziels GRUEN antwortet er mit einer Fehlermeldung.

Wir sind bisher immer davon ausgegangen, daß bei einem Programmstart ein einziges Programm gespeichert ist, das mit RUN $\boxed{\text{ENTER}}$ gestartet wird. Nun ist es ja durchaus möglich, mehrere nicht zu umfangreiche Programme zu speichern. Will man dann je nach Bedarf das eine oder andere Programm starten, so reicht das Kommando RUN $\boxed{\text{ENTER}}$ nicht mehr aus. Es bewirkt stets, daß der Rechner mit der ersten Programmzeile beginnt. Auch wenn mehrere Programme gespeichert sind, würde auf diese Weise doch immer nur das erste Programm durchgeführt.

Für einen flexibleren Programmaufruf gibt es mehrere Möglichkeiten.

| RUN Zeilennummer $\boxed{\text{ENTER}}$

bewirkt den Start des Programms in der entsprechenden Programmzeile,

| RUN Textausdruck $\boxed{\text{ENTER}}$

den Start des Programms in der Zeile, die die dem Textausdruck entsprechende Marke trägt. Programmzeile bzw. Marke müssen natürlich im Programm vorhanden sein.

Für den Aufruf mit

RUN Zeilennummer $\boxed{\text{ENTER}}$

muß der Benutzer die Nummer des Programms oder Programmteils natürlich im Kopf haben. Einfacher ist es daher, die erste Programmzeile mit einer Marke zu versehen, die dann als *Programmname* fungiert, da die meisten

Menschen Namen (mit Beziehungen zum Inhalt) sich besser merken können als Nummern.

Anstelle von RUN darf in allen Startkommandos auch GOTO stehen:

GOTO [ENTER],

GOTO Zeilennummer [ENTER],

GOTO Textausdruck [ENTER]

haben dieselbe Wirkung wie die gleichen Befehle mit RUN anstelle von GOTO mit dem einen Unterschied, der wichtig sein kann:

Bei einem Programmstart mit GOTO werden die Variablen im Hauptspeicher, also die Variablen mit zwei Zeichen im Namen und die Felder, nicht gelöscht, was bei einem Start mit RUN der Fall ist.

Verwendet man als Programmnamen nur einen einzigen Buchstaben aus den unteren beiden Buchstabenreihen (A, S, D, F, G, H, J, K, L, Z, X, C, V, B, N, M) oder das Leerzeichen oder das Gleichheitszeichen ([SPC],=), so gibt es noch eine weitere Möglichkeit zum Start dieses Programms:

Man drücke zunächst die [DEF]-Taste links oben in der Tastatur. Das Wort DEF erscheint kleingedruckt im Anzeigefeld. Drücken des Programmnamens ohne die einschließenden Anführungsstriche führt dann zum Programmstart.

[DEF] A

hat dieselbe Wirkung wie

GOTO "A" [ENTER],

ohne daß dabei beim Programmstart die Anzeige gelöscht wird.

Die Möglichkeit, Programme mit GOTO oder [DEF] zu starten, läßt sich besonders dann sinnvoll einsetzen, wenn ein Programm aus mehreren Teilen besteht, die einzeln gestartet werden sollen, ohne daß dabei Informationen aus früher durchlaufenen Programmstellen verlorengehen.

4 Die Zusatzgeräte CE-125 und CE-126P

Die SHARP-Taschenrechner erreichen erst mit den Zusatzgeräten CE-125 (für PC-1246/1247/1251/1260/1261) bzw. CE-126P (für PC-1246/1247/1350/1401) ihre volle Leistungsfähigkeit. Diese Geräte erfüllen mehrere Funktionen: Sie dienen dem Drucken von Programmen (LLIST), der dauerhaften Ausgabe von Ergebnissen (LPRINT) und der Speicherung und Wiedergabe von Programmen (CSAVE, CLOAD, MERGE) und Daten (PRINT#, INPUT#) mit Hilfe eines Kassettenrecorders. Beim CE-126P ist eine Anschlußmöglichkeit für einen Recorder vorhanden, beim CE-125 ist der Recorder bereits integriert, es kann aber auch ein externer Recorder verwendet werden. In diesem Abschnitt sollen einige Anregungen zur Verwendung der Zusatzgeräte gegeben werden, die ebensowenig vollständig sein können wie die Beschreibung der Möglichkeiten der Rechner in den obigen Abschnitten. Die gerätetechnische Verbindung zwischen Rechner und Zusatzgerät entnehmen Sie bitte der Bedienungsanleitung.

4.1 Druckerbetrieb

Ebenso wie der Rechner selbst ist auch der Drucker ausschließlich im manuellen Betrieb zu verwenden. Zu diesem Zweck muß man den Printer-Schalter auf ON stellen und die Tasten $\boxed{\text{SHIFT}}$ $\boxed{\text{ENTER}}$ drücken. Ein eingegebener arithmetischer Ausdruck oder eine arithmetische Anweisung wird nach der Bedienung der $\boxed{\text{ENTER}}$ -Taste linksbündig auf dem Drucker ausgegeben. Ist der Ausdruck berechenbar oder die Anweisung ausführbar, wird das Rechenergebnis oder der Speicherinhalt in einer neuen Druckzeile rechtsbündig ausgedruckt. Fehlermeldungen werden nicht gedruckt. Interessanter ist die Druckerbenutzung bei den zu LIST und PRINT analogen Programmierbefehlen LLIST und LPRINT. Bitte beachten Sie, daß der Drucker pro Zeile 24 Zeichen ausgeben kann und von selbst mehrzeilig druckt, falls mehr als 24 Zeichen in einer zu druckenden Zeichenkette stehen. Dem Befehl LIST aus Abschnitt 2.4 entspricht der Befehl

| LLIST,

der im RUN- und PRO-Mode den Drucker zur Auflistung des gespeicherten Programms veranlaßt.

Durch zusätzliche Angabe von Zeilennummern können auch Teile des Programms aufgelistet werden:

Der Befehl	bewirkt die Auflistung des Programms
LLIST z_1, z_2	von der Zeilennummer z_1 bis zur Zeilennummer z_2
LLIST	von der ersten bis zur letzten Zeilennummer
	zusätzlich beim PC-1260/61, -1350, -1401
LLIST z	in der Zeile mit der Zeilennummer z
LLIST z_1,	von der Zeilennummer z_1 bis zur letzten Zeilennummer
LLIST, z_2	von der ersten Zeilennummer bis zur Zeilennummer z_2

Anstelle der Zeilennummern können im LLIST-Befehl auch Markennamen verwendet werden, durch die die erste und die letzte aufgelistete Zeile gekennzeichnet ist. Jeder Programmzeile entspricht mindestens eine Druckzeile. Enthält eine Programmzeile mehr als 24 Zeichen, erfolgt die Ausgabe auf dem Drucker mehrzeilig. Ausprobieren!

Dem Befehl PRINT aus Abschnitt 2.3 entspricht der Befehl

I   LPRINT,

der im Rahmen einer Programmausführung den Drucker zur Ausgabe von Daten und Texten veranlaßt. PRINT und LPRINT haben die gleichen Spezifikationsregeln. Insbesondere ist die Bedeutung der Formatanweisung USING dieselbe. In der Wirkungsweise sind dagegen folgende Unterschiede zu beachten:

Nach der Ausführung eines LPRINT-Befehls unterbricht der Rechner die Programmdurchführung nicht. Die Befehle WAIT und PAUSE werden daher nicht benötigt.
Eine Druckzeile umfaßt 24 Zeichen, bei längeren Zeichenketten wird mehrzeilig gedruckt.
Jeder LPRINT-Befehl beginnt mit einer neuen Druckzeile.
Der Befehl LPRINT" " bewirkt einen Zeilenvorschub.

Fügt man in einem Programm den Befehl

I   PRINT=LPRINT

ein, so werden alle nachfolgenden PRINT-Anweisungen in LPRINT-Anweisungen umgeformt. Der Befehl

I   PRINT=PRINT

hebt diese Wirkungsweise wieder auf.

Wird ein Programm mit DEF oder GOTO gestartet, so kann PRINT=LPRINT auch als Einzelbefehl vor dem Programmstart eingegeben werden. Ausprobieren!

Beispiel: *Runge-Kutta-Verfahren*

Das System von *Differentialgleichungen*

$$y_1' = f_1(x, y_1, \ldots, y_n)$$
$$y_2' = f_2(x, y_1, \ldots, y_n) \qquad \text{oder kurz} \qquad \vec{y}' = \vec{f}(x, \vec{y})$$
$$\ldots$$
$$y_n' = f_n(x, y_1, \ldots, y_n)$$

soll mit vorgegebenen *Anfangswerten*

$$y_1(x_0) = b_1, \ldots, y_n(x_0) = b_n$$

für $x \in [x_0, x_1]$ numerisch gelöst werden.

Dazu wird das Intervall $[x_0, x_1]$ in m gleiche Teile geteilt, und es werden Näherungslösungen an den Stellen

$$x = x_0, \ x_0 + h, \ x_0 + 2h, \ldots, x_0 + mh = x_1$$

berechnet, wobei $h = (x_1 - x_0)/m$.

Liegt eine Näherungslösung

$$\vec{y} = (y_1, \ldots, y_n) \quad \text{für} \quad \vec{y}(x) = (y_1(x), \ldots, y_n(x))$$

vor, so ergibt sich eine Näherungslösung

$$\vec{y} \quad \text{für} \quad \vec{y}(x + h)$$

nach dem *Runge-Kutta-Verfahren* aus den folgenden Formeln:

$$\vec{u} = h \cdot \vec{f}(x, \vec{y})$$
$$\vec{v} = h \cdot \vec{f}(x + h/2, \vec{y} + \vec{u}/2)$$
$$\vec{w} = h \cdot \vec{f}(x + h/2, \vec{y} + \vec{v}/2)$$
$$\vec{z} = h \cdot \vec{f}(x + h, \vec{y} + \vec{w})$$
$$\vec{y} = \vec{y} + (\vec{u} + 2\vec{v} + 2\vec{w} + \vec{z})/6$$

Das folgende Programm beruht auf diesen Formeln:

```
 10:"RUNGEKU":N,X,W
 20:DIM Y(N),F(N),Z(N),U(N),S(N)
 30:FOR I=1 TO N:READ Y(I):NEXT I
 40:INPUT"TEILINTERV.=";M:H=(W−X)/M
100:"FORMAT":INPUT"FORMAT=";A$
110:USING A$:GOSUB"AUSGABE"
120:INPUT"DRUCK GUT?J/N";B$
130:IF B$="N"LPRINT" ":GOTO"FORMAT"
140:IF B$<>"J"THEN 120
200:"RUKU":FOR I=1 TO N:Z(I)=Y(I):NEXT I
```

```
210: GOSUB "FUNKTION"
220: FOR I = 1 TO N : U(I) = H * F(I) : S(I) = U(I) : NEXT I
230: X = X + H/2
240: FOR K = 1 TO 2
250: FOR I = 1 TO N : Z(I) = Y(I) + U(I)/2 : NEXT I
260: GOSUB "FUNKTION"
270: FOR I = 1 TO N : U(I) = H * F(I) : S(I) = S(I) + 2 * U(I) : NEXT I
280: NEXT K
290: X = X + H/2
300: FOR I = 1 TO N : Z(I) = Y(I) + U(I) : NEXT I
310: GOSUB "FUNKTION"
320: FOR I = 1 TO N : S(I) = S(I) + H * F(I) : Y(I) = Y(I) + S(I)/6 : NEXT I
330: GOSUB "AUSGABE"
340: IF X < W THEN "RUKU"
350: END
400: REM SYSTEMDIMENSION
410: DATA
420: REM INTERVALLGRENZEN
430: DATA
440: REM ANFANGSWERTE
450 DATA
500: "FUNKTION":
............
590: RETURN
600: "AUSGABE" : LPRINT X; Y(1); ...; Y(N)
610: RETURN
```

Anmerkungen zum Programm:

1. Das Runge-Kutta-Verfahren steht in den Zeilen 200 bis 350; um Speicherplatz zu sparen, wird für die Größen $\vec{u}, \vec{v}, \vec{w}, \vec{z}$ dasselbe Feld U benutzt. Die Programmzeilen 10 bis 40 dienen der Dateneingabe, die Programmzeilen 100 bis 140 der Wahl des Ausgabeformats.

2. Die Ausgabeprozedur steht als Unterprogramm in den Zeilen 600 bis 610. Es wird zeilenweise x, y_1, ..., y_n ausgegeben. Die Zeile 600 ist dem jeweiligen Problem anzupassen.

3. Die Zeilen 410, 430 und 450 sind DATA-Zeilen. In die Zeile 410 ist die Dimension N des Differentialgleichungssystems einzutragen. Zeile 430 enthält die Intervallgrenzen x_0 und x_1. In Zeile 450 müssen die Anfangswerte y_1, ..., y_n stehen.

4. In die Zeilen 500 ff. sind als Unterprogramm die Funktionsauswertungen

$$F(1) = f_1(X, Z(1), ..., Z(N)), ..., F(N) = f_N(X, Z(1), ..., Z(N))$$

einzutragen.

Programmdurchführung: Wir führen das Programm am Beispiel des folgenden Differentialgleichungssystems durch:

$$y'_1 = y_1 - y_1 y_2$$
$$y'_2 = y_1 y_2 - y_2$$

Es handelt sich dabei um ein einfaches Modell für die Wechselwirkung zwischen den Populationsgrößen zweier verschiedener Tierarten, wenn die erste Art der zweiten als Hauptnahrung dient (*Räuber-Beute-Modell*). Die unabhängige Variable x ist dabei die Zeit (gemessen z. B. in Jahren), y_1 ist der Bestand an Beutetieren, y_2 der Bestand an Raubtieren (gemessen z. B. in je tausend Stück). Als Anfangswerte nehmen wir an

$$y_1(\emptyset) = y_2(\emptyset) = 2.$$

Betrachtet wird das Differentialgleichungssystem im Zeitintervall $[\emptyset,8]$.

A. Zunächst muß das Programm an das Problem angepaßt werden. Dies geschieht durch Eintippen der folgenden Zeilen:

```
410:DATA 2
430:DATA Ø,8
450:DATA 2,2
500:"FUNKTION":F(1)=Z(1)+Z(1)*Z(2):F(2) = Z(1) * Z(2) − Z(2)
600:"AUSGABE":LPRINT X;Y(1);Y(2)
```

B. Programmstart mit RUN. Durch

TEILINTERV.=

fragt der Rechner nach der Zahl der Teilintervalle und damit implizit auch danach, wie genau die Näherungslösung der exakten Lösung entsprechen soll. Je größer die Zahl der Teilintervalle, desto größer die Genauigkeit, desto größer aber auch der Rechenaufwand. Wir geben ein

16 Teilintervalle

C. Durch

FORMAT=

fragt der Rechner nach dem Ausgabeformat für die USING-Anweisung. Um keinen Formatfehler zu produzieren und um eine Lücke zwischen den Zahlen zu sichern, müssen genügend Stellen vor dem Punkt stehen. Bei zu großen Zahlen oder zu großen Systemen muß neben der Formatwahl auch die Druckzeile 6ØØ abgeändert werden. Wir wählen die Eingabe

FORMAT=###.###,

die zu einer Fehlermeldung führt, wenn eine Näherungslösung mehr als nur zwei Stellen vor dem Dezimalpunkt besitzt.

D. Der Rechner gibt die Anfangswerte im gewählten Format aus und hält noch einmal an, wobei im Anzeigefeld die Frage

DRUCK GUT?J/N

gestellt wird, die man mit J für ja oder N für nein beantworten kann. Antwortet man mit N, so geht der Rechner nach C zurück und ermöglicht eine nochmalige Eingabe des Formats. Wir antworten mit

DRUCK GUT? J/NJ

E. Der Drucker gibt jetzt die folgenden Werte für x, y_1, y_2 aus:

0.000	2.000	2.000			
0.500	1.011	2.555	4.500	0.817	0.263
1.000	0.496	2.211	5.000	1.183	0.262
1.500	0.313	1.628	5.500	1.691	0.325
2.000	0.260	1.136	6.000	2.272	0.532
2.500	0.266	0.784	6.500	2.543	1.104
3.000	0.316	0.549	7.000	1.886	2.103
3.500	0.412	0.399	7.500	0.930	2.549
4.000	0.571	0.308	8.000	0.466	2.148

Für den ersten Test des Programms zur Auffindung möglicher Programmier-fehler eignet sich das obige Räuber-Beute-Modell nicht so gut, weil die exakte Lösung nicht bekannt ist. Hierzu verwende man lieber die Aufgabe

$$y_1' = -y_2, \quad y_2' = y_1, \quad y_1(0) = 1, \quad y_2(0) = 0$$

mit der exakten Lösung $y_1(x) = \cos x$, $y_2(x) = \sin x$ (Betriebsart RAD).

4.2 Speicherung und Dokumentation von Programmen

Auch wer das Zusatzgerät CE-125 bzw. CE-126P nicht als Ausgabemedium benutzt (oder benutzen kann, weil er aus Platzgründen nur den Rechner selbst „vor Ort" mit sich führt), benötigt es dennoch zur dauerhaften *Speiche-rung* von Programmen, die andernfalls immer wieder neu eingetippt werden müßten. Dazu gehört auch die *Dokumentation* der Programme, um diese auch nach längerer Zeit noch nachvollziehen und richtig bedienen zu können.

Nehmen wir an, daß ein vollständig ausgetestetes Programm im Rechner gespeichert ist. Der Hauptspeicher soll für ein anderes Programm freigemacht werden, ohne daß das gespeicherte Programm verlorengeht. Jetzt sind die folgenden Schritte zu unternehmen:

1. Anschluß des CE-126P an einen geeigneten Kassettenrecorder mit Fern-steuerung (REMOTE) und Bandzählwerk. Beim CE-125 ist der Recorder bereits integriert.

2. Aufsuchen einer zur Aufzeichnung geeigneten Stelle auf der Kassette. Hierzu ist der REMOTE-Schalter auf die Stellung OFF zu bringen.

3. Der REMOTE-Schalter wird auf ON gestellt. Auf dem Kassettenrecorder werden die zur Aufnahme benötigten Tasten gedrückt. Man merke sich den Zählerstand des Bandzählwerks. Bei externem Recorder ist der Lautstärkeregler auf Mitte bis Maximum, der Tonhöhenregler auf „hoch" zu stellen.

4. Für das zu speichernde Programm muß ein Name gefunden werden, unter dem es später wieder in den Rechner geladen werden kann. Bei dem Namen handelt es sich um eine Textkonstante "Text" mit maximal 7 Zeichen, z. B. "REGFAL" für ein Regula-Falsi-Programm. Ein innerhalb des Programms verwendeter Programmname kann mit diesem Namen übereinstimmen, muß es aber nicht. Mit dem Befehl

   CSAVE"Name" ENTER

   beginnt die Aufnahme. Die Kassette setzt sich in Bewegung.

5. Es ertönt zunächst ein konstanter Piepton, der eine gewisse Ungenauigkeit beim Wiederauffinden der Aufnahme ermöglicht, indem er die Trennung der verschieden auf Band gespeicherten Programme sicherstellt. Die folgenden Töne sind unregelmäßiger. Es erfolgt zunächst die Aufnahme des Programmnamens, dann des Programms. Mit dem Ende der Aufnahme erscheint das Bereitschaftssymbol > im Anzeigefeld. Die Kassette bleibt stehen.

6. Der Kassettenrecorder wird abgeschaltet, der REMOTE-Schalter auf OFF gestellt, die Kassette auf den Anfang der Aufnahme zurückgespult, der REMOTE-Schalter wieder auf ON gestellt und die PLAY-Taste des Kasettenrecorders gedrückt.

7. Nach Eingabe von

   CLOAD? ENTER

   wird die Übereinstimmung der Aufnahme mit dem gespeicherten Programm überprüft. Die Kassette setzt sich in Bewegung, es ertönt zunächst der konstante Piepton, dann das gespeicherte Programm, endend mit dem Bereitschaftssymbol >, wenn alles gutgeht. Sollten im Verlauf der Aufnahme und Überprüfung hier nicht vorgesehene Unregelmäßigkeiten auftreten, beginne man die ganze Prozedur von vorn und wiederhole sie.

Das Programm ist jetzt auf Band gespeichert, und man kann ziemlich sicher sein, es später wieder einlesen und benutzen zu können, wenn man weiß, wo es steht und was es beinhaltet. Hierzu ist eine *Dokumentation* des Programms erforderlich, zu der mindestens die folgenden Dinge gehören:

8. Der *Name,* unter dem das Programm auf Kassette gespeichert ist, sowie der *Platz* (Band Nr., Seite, Zählwerk Nr.) des gespeicherten Programms.

9. Eine *Auflistung* des Programms.

Der folgende Vorschlag benutzt hierzu den Drucker:

Eingabe	Wirkung
LPRINT"Name"	Ausgabe von Name auf dem Drucker
LPRINT"BAND 1 SEITE 1" o.ä.	Ausgabe von Band-Nr. und Seite auf dem Drucker
LPRINT"Ø15–Ø29" o. ä.	Ausgabe der Zählwerk-Nr. auf dem Drucker
LPRINT" "	Vorschub der Papierrolle
LLIST	Auflistung des Programms

(ENTER gilt für die Zeilen LPRINT"BAND 1 SEITE 1" und LPRINT"Ø15–Ø29")

Diese Dokumentation sollte noch durch ggf. handschriftliche Zusätze zur Bedienung des Programms (Programmstart, erforderliche Eingaben) ergänzt werden.

Will man zu einem späteren Zeitpunkt das Programm von der Kassette wieder in den Rechner bringen, so ist folgendes zu tun:

10. Anschluß des Kassettenrecorders wie unter 1., REMOTE-Schalter auf OFF stellen und den Programmanfang auf dem Band mithilfe des Zählwerks aufsuchen.

11. REMOTE-Schalter wieder auf ON stellen und die PLAY-Taste des Kassettenrecorders drücken. Bei externem Recorder müssen sich Lautstärke- und Tonhöhenregler wieder in der in 3. angegebenen Stellung befinden.

12. Nach Eingabe von

CLOAD"Name" [ENTER]

setzt sich die Kassette in Bewegung. Es erfolgt wieder zunächst der konstante Piepton, dann die unregelmäßigeren Töne, die den Programmnamen und das Programm kennzeichnen.

Der Rechner nimmt das zugehörige Programm aber nur dann auf, wenn der Name mit dem Namen in der CLOAD-Anweisung übereinstimmt. Andernfalls sucht er auf dem Band weiter nach dem richtigen Programmnamen, bis er ihn gefunden hat. Die Suche kann manuell durch Drücken der [BRK] -Taste abgebrochen werden.

13. Nach der Aufnahme des Programms zeigt der Rechner durch das Bereitschaftssymbol > an, daß das geladene Programm im Rechner gespeichert ist. Der Kassettenrecorder kann ausgeschaltet werden.

Für den PC-1251/1260/1261/1350 können die Bandbefehle CSAVE, CLOAD und CLOAD? im RSV-Mode auch zum Speichern und Laden von Reserve-Ausdrucken benutzt werden.

4.3 Weitere Bandbefehle

Im Abschnitt 4.2 wurde die für die meisten Benutzer wichtigste Funktion des Bandbetriebs bereits behandelt, d. i. die Speicherung von Programmen und die damit verbundenen Befehle CSAVE, CLOAD? und CLOAD. Der CE-125 bzw. CE-126P bietet noch weitere Möglichkeiten zur Arbeit mit Magnetbändern, als da sind

— die Zuladung von Programmen in den Rechner (Befehl MERGE, nicht beim PC-1401),
— sequentielle Bearbeitung langer, auf Band gespeicherter Programme (Befehl CHAIN, nicht beim PC-1401),
— die Speicherung von Daten auf dem Magnetband (Befehle PRINT # und INPUT #).

Für eine systematische Beschreibung dieser Befehle sei auf die Bedienungsanleitung verwiesen. Wir beschränken uns auf einige Hinweise.

Mit dem Befehl

| MERGE "Programmname"

ist genauso umzugehen wie mit dem CLOAD-Befehl, er dient ebenfalls dazu, auf Band gespeicherte Programme in den Rechner zu laden. Der Unterschied zum CLOAD-Befehl besteht darin, daß die bereits im Programmspeicher befindlichen Programme durch die Ladung des neuen Programms nicht gelöscht werden, wenn man den MERGE-Befehl verwendet. Dadurch lassen sich mehrere Programme, die getrennt abgespeichert wurden, in den Rechner laden.

Die Zeilennummern der einzelnen Programme werden dabei nicht geändert, manche Zeilennummern können daher mehrfach vorkommen.

Beispiel: Die Programme

```
10:"PROG1": LPRINT "ANFANG PROG1"
20:"A":INPUT "SPRUNG NR"; Z: GOTO Z
30:"B": INPUT "SPRUNG NAME"; A$
40:"C": GOTO A$
50:"D": LPRINT "ENDE PROG1"
60:"E": GOTO 10
10:"PROG2": LPRINT "ANFANG PROG2"
20:"F": INPUT "SPRUNG NR";Z: GOTO Z
30:"G": INPUT "SPRUNG NAME";A$
40: GOTO A$
50:"I": LPRINT "ENDE PROG2"
10:"PROG3": LPRINT "ANFANG PROG3"
20:"J": INPUT "SPRUNG NR";Z: GOTO Z
30:"K": INPUT "SPRUNG NAME";A$
40:"L": GOTO A$
50:"M": LPRINT "ENDE PROG3"
```

lassen sich folgendermaßen in den Rechner bringen:

A. Eingabe der ersten 6 Programmzeilen 10 bis 60. Speicherung auf Band mit CSAVE"PROG".

B. Zuladungen desselben Programms mit MERGE"PROG".
Es befinden sich jetzt zwei identische Exemplare des ersten Programms im Rechner.

C. Löschung der Programmzeile 60, Änderung der Programmzeilen 10 bis 50, indem PROG1 durch PROG2 und die Marken A bis D durch F bis I ersetzt werden. Diese Änderungen wirken nur auf das *zweite* Exemplar des ursprünglichen Programms.

D. Zuladung des gespeicherten Programms mit MERGE"PROG" und entsprechende Änderungen wie in C.

PROG1
Programmende
PROG2
Programmende
PROG3
Programmende

Der MERGE-Befehl bewirkt, daß im Programmspeicher des Rechners das neue Programm in den Bytes gespeichert wird, die auf das in einem Byte gekennzeichnete Programmende des alten Programms folgen.

Befinden sich mehrere Programme im Rechner, die auf diese Weise voneinander abgetrennt sind, so ist folgendes zu beachten:

1. Manuelle Eingaben zur Löschung, Einfügung oder Änderung von Programmzeilen wirken nur auf das jeweils *letzte* im Programmspeicher stehende Programm.

2. Mit RUN, RUN Zeilennummer, GOTO oder GOTO Zeilennummer läßt sich nur das *erste* im Programmspeicher stehende Programm starten. Fügt man etwa die Programmzeile

15: REM START

in das obige Beispiel ein, so wird diese Zeile zum Bestandteil des dritten Programms. Der Befehl RUN 15 führt dann zu einer Fehlermeldung, weil die Programmzeile 15 im ersten Programm nicht vorkommt.

Alle Programme außer dem ersten lassen sich also nur durch RUN Textausdruck, GOTO Textausdruck oder mit DEF starten, wobei natürlich die jeweils erste Programmzeile mit einer entsprechenden Marke versehen sein muß. Im obigen Beispiel lassen sich die letzten beiden Programme mit RUN "PROG2" bzw. RUN "PROG3" starten.

3. Sprunganweisungen (GOTO, GOSUB, IF-THEN) mit einer Zeilennummer zur Kennzeichnung des Sprungziels wirken nur innerhalb desselben Pro-

gramms. Kennzeichnet man dagegen die Sprungzeile durch Marken, so kann man von einem Programm ins andere springen.

4. Kommt der Rechner ans Ende eines Programms, so beendet er den Programmlauf, auch wenn das Programm nicht mit dem END-Befehl endet und im Programmspeicher noch ein weiteres Programm folgt.

Will man auf Band gespeicherte Programme mit dem MERGE-Befehl in den Rechner hinzuladen, so sind sie vorher in eine Form zu bringen, die den hier genannten Besonderheiten Rechnung trägt:

Die abgespeicherten Programme müssen einen *Namen* haben, unter dem ihre erste Zeile aufgerufen werden kann.

Unterprogramme, die man nachträglich noch ändern will, *dürfen nicht im abgespeicherten Programm* stehen, sondern müssen nachträglich eingefügt oder zugeladen werden. Sie müssen daher vom Hauptprogramm stets mit einem Markennamen und nicht mit einer Zeilennummer aufgerufen werden.

Bei der Verwendung zweier unabhängig voneinander erstellter Programme z. B. als Hauptprogramm und als Unterprogramm ist darauf zu achten, daß die benutzten *Variablennamen* zueinander passen. Entsprechende Anforderungen des Hauptprogramms an das Unterprogramm sollten daher mit dem Hauptprogramm *dokumentiert* werden.

Beispiel: In einem Hauptprogramm wird innerhalb einer Laufanweisung mit der Laufvariablen I ein Unterprogramm mit einer GOSUB-Anweisung aufgerufen. Das Hauptprogramm erwartet eine Wertzuweisung $Y = f(X)$ mit einer durch das Unterprogramm festgelegten Funktion $f(x)$, deren Berechnung möglicherweise auch sehr kompliziert sein kann. Für die weitere Funktionsfähigkeit des Hauptprogramms ist dann wichtig,

— daß tatsächlich eine Wertzuweisung $Y = f(X)$ erfolgt und nicht etwa $Y = f(Z)$,

— daß innerhalb des Unterprogramms die Laufvariable I nicht verändert wird; sie sollte dort also am besten gar nicht benutzt werden. Dasselbe gilt für andere Variablennamen, die im Hauptprogramm noch eine Rolle spielen.

Die hier genannten Probleme im Zusammenspiel zwischen Hauptprogramm und Unterprogramm bestehen natürlich unabhängig vom MERGE-Befehl. Sie werden aber bei Verwendung dieses Befehls schwieriger, wenn der Benutzer mit MERGE zwei Programme zusammenfügt, die er zu einem früheren Zeitpunkt unabhängig voneinander erstellt hat.

Die *Speicherung von Daten* auf dem Magnetband ist vor allem dann erforderlich, wenn es sich um größere Datenmengen handelt, die zu einem späteren Zeitpunkt wieder zur Verfügung stehen sollen. Größere Datenmengen sind im Rechner i. a. auf Feldern abgespeichert. Wir beschränken uns daher auf Hinweise zu diesem Fall.

Der Befehl zur Speicherung der in Feldern abgelegten Werte auf Magnetband lautet

| PRINT #"Blockname"; Feldname(∗), Feldname(∗), ...

Der Blockname mit maximal 7 Zeichen kennzeichnet den Anfang des abgespeicherten Datensatzes auf dem Magnetband. Im Anschluß daran werden die Feldnamen, die Feldgrenzen und die auf den Feldern abgelegten Werte bzw. Texte abgespeichert. Voraussetzung dafür ist, daß der angeschlossene Kassettenrecorder vor dem PRINT #-Befehl in Aufnahmebereitschaft versetzt wurde, genauso wie beim CSAVE-Befehl. Bei der Verwendung von PRINT # innerhalb eines Programms sollte man daher entsprechende Anweisungen auf dem Anzeigefeld ausgeben lassen, die PRINT #-Anweisung also z. B. in die folgende Befehlsfolge einbetten:

```
PRINT "DATENSPEICHERN"
PRINT "SUCHE BAND"
PRINT "REMOTE/PLAY"
PRINT # ...
PRINT "BAND AUS"
```

Die auf Band gespeicherten Daten können nun mit dem Befehl

| INPUT #"Blockname"; Feldname(*), Feldname(*), ...

wieder in den Rechner eingelesen werden. Dabei müssen sowohl der Blockname als auch die Feldnamen in richtiger Reihenfolge als auch die Feldgrenzen mit den auf Band gespeicherten Daten übereinstimmen. Stimmt der Blockname nicht überein, so werden die nachfolgenden Daten nicht eingelesen, sondern der Rechner sucht auf dem Magnetband weiter nach dem richtigen Blocknamen. Stimmen dagegen Feldnamen oder Feldgrenzen nicht überein, so reagiert der Rechner mit einer Fehlermeldung.

Auch bei der INPUT #-Anweisung muß natürlich der Kassettenrecorder vorher in Bereitschaft versetzt worden sein, genauso wie beim CLOAD-Befehl. Innerhalb eines Programms läßt sich das etwa durch die folgende Befehlsfolge über das Anzeigefeld regeln:

```
PRINT "DATEN EINLESEN"
PRINT "BLOCKANFANG"
PRINT "REMOTE/PLAY"
INPUT # ...
PRINT "BAND AUS"
```

Bei der Speicherung verschiedener Datenblöcke auf Magnetband sollte man diese tunlichst unter Angabe der Zählernummer, des Blocknamens, der Feldnamen und der Feldgrenzen dokumentieren.

Für die Speicherung von Daten auf dem Magnetband gibt es kein Analogon zum Befehl CLOAD?, mit dem man die richtige Abspeicherung überprüfen könnte. Da die Speicherung auf Magnetband erfahrungsgemäß sehr fehleranfällig ist, sollte man sicherheitshalber jede Bandaufnahme zweimal machen in der Hoffnung, daß eine davon dann fehlerlos ist.

Lösungen zu den Aufgaben

Aufgabe 1: ohne Lösung

Aufgabe 2:

Ausgabe
0.303030303
3.03030303E − 02
5483.
0.
ERROR 9

Aufgabe 3: Die Zahl 999999999 hat nur neun Ziffern, richtig sind zehn Neunerziffern.

Aufgabe 4: Arithmetischer Ausdruck

$\boxed{CL}$ (2/(1.4 − 1) ∗ (1 − 0.75 ∧ ((1.4 − 1)/1.4))) ∧ 0.5 $\boxed{ENTER}$

Ausgabe: 6.281224375E − 01

Aufgabe 5: Arithmetischer Ausdruck

$\boxed{CL}$ π ∗ π ∗ 2.1E7/(150 ∧ 2) ∗ (3.5 ∧ 4/12) $\boxed{ENTER}$

Ausgabe: 115193.3619   Ergebnis: F_K = 115.19 kN

Aufgabe 6:

Eingabe	Ausgabe
4 ∗ (COS 0.5) ∧ 3 − 3 ∗ (COS 0.5)	7.073720173E − 02
1/2 ∗ LN ((0.5 + 1)/(0.5 − 1))	ERROR 2
(EXP (2 ∗ 0.5) − 1)/(EXP (2 ∗ 0.5) + 1)	4.621171573E − 01
LN (TAN (0.5/2 + π/4))	5.222381033E − 01
0.5/2 ∗ $\sqrt{}$ (1 − 0.5 ∧ 2) + 1/2 ∗ ASN 0.5	4.783057387E − 01
0.5 ∧ 5/5 ∗ (LN 0.5 − 1/5)	−5.582169879E − 03

Aufgabe 7:

Ausgabe	Bemerkung
0.301168679	−
ERROR 2	1 − 2 ∗ A < 0
0.	Arithmetischer Ausdruck auf der linken Seite, es erfolgt keine Änderung der Speicherbelegungen.
2.	−
1.	Arithmetischer Ausdruck auf der linken Seite.
0.	−
0.	BAE ist kein zulässiger Variablenname.

Aufgabe 8:

Eingabe	Ausgabe
L = 18.75	18.75
D = 1.25	1.25
E = 0.75	0.75
V = $\pi * L/12 * (D*D+D*E+E*E)$	15.03301172
X = $\pi/V * L * L/48 * (3*D*D+2*D*E+E*E)$	10.90561225

$$V = 15.03\ m^3 \qquad x = 10.91\ m$$

Aufgabe 9:

Eingabe	Ausgabe
A = 1	1.
B = 2	2.
C = B*3	6.
D = C*4	24.
E = D*5	120.
F = E*6	720.
G = F*7	5040.
H = G*8	40320.
I = H*9	362880.
J = I*10	3628800.

Aufgabe 10: Wegen

$$\frac{(i!)^2}{(2i)!} = \frac{((i-1)!)^2}{(2(i-1))!} \cdot \frac{i^2}{(2i-1)\,(2i)} = \frac{((i-1)!)^2}{(2(i-1))!} \; \frac{i}{2(2i-1)}$$

lassen sich die Summanden sehr effektiv rekursiv berechnen.

Eingabe	Ausgabe	Bemerkung
A = 0.5	0.5	i = 1
S = A	0.5	
A = A/3	1.666666667 E − 01	i = 2
S = S + A	6.666666667 E − 01	
A = A*3/10	5.000000001E − 02	i = 3
S = S + A	7.166666667E − 01	
A = A*2/7	1.428571429E − 02	i = 4
S = S + A	0.730952381	
A = A*5/18	3.968253969E − 03	i = 5
S = S + A	0.734920635	

Aufgabe 11: Der Cursor wird auf das A gesetzt und folgende Tasten werden gedrückt:

[INS] T ■ ▶ ■ ▶ ■ ▶ ■ ▶ ■ ▶ ■ ▶ R ■ ▶ ■ ▶ ■ ▶ [INS] N ■ ▶ ■ ▶

Aufgabe 12: Die zweite Berechnungsmöglichkeit wird mit F bezeichnet.

p	H	F	$\dfrac{\|F-H\|}{\|F\|}$
0	71.98611023	71.9861084	2.5E − 08
1	7201.912828	7199.999858	2.6E − 04
2	ERROR 2	719999.4997	−

Aufgabe 13: Programmeingabe

Eingabe	Ausgabe
10R=SIN(2 * F) − (COS(F)) ∧ 2	10 : R=SIN(2 * F) − (COS(F)) ∧ 2
20X=R * COS(F)	20 : X=R * COS(F)
30Y=R * SIN(F)	30 : Y=R * SIN(F)
40 END	40 : END

Werte nach dem Programmaufruf

F	X	Y
0	−1.	0.
30	1.004809472E − 01	5.80127019E − 02
60	3.080127019E − 01	5.334936491E − 01
90	0.	0.

Aufgabe 14: Das folgende Programm stellt eine mögliche Lösung dar, die nicht direkt alle Formeln eingibt und dadurch vorher berechnete Werte weiterverwenden kann.

Programm
10 : A = π/4 * D * D
20 : B = π/4 * E * E
30 : I = A/16 * D * D
40 : J = B/16 * E * E
50 : A = A − B
60 : I = I − J
70 : W = 2 * I/D
80 : END

Werte für D = 2 und E = 1.8:

A = 0.596902605

I = 2.700984286E − 01

W = 2.700984286E − 01

Aufgabe 15:

```
10: INPUT"X=";X
20: Y=(2*X−1)/(X*X+X+1)
30: PRINT USING" ##.##";"X=";X;"⊔Y=";Y
50: END
```

Startet man das Programm für die angegebenen x-Werte, so erhält man folgende Wertetabelle:

x	− 2.00	− 1.50	− 1.00	− 0.50	0.00	0.50	1.00	1.50	2.00
y	− 1.66	− 2.28	− 3.00	− 2.66	− 1.00	0.00	0.33	0.42	0.42

Aufgabe 16:

```
10: INPUT"X=";X
20: Y=2*(X+1)
30: Z=EXP(X)
40: USING" ##.##"
50: PRINT"Y=";Y;" ⊔Z=";Z
60: END
```

X	Y	Z
0	2.00	1.00
1	4.00	2.71
2	6.00	7.38
1.5	5.00	4.48
1.75	5.50	5.75
1.7	5.40	5.47

Als Näherung für den Schnittpunkt erhält man P = (1.7, 5.4).

Aufgabe 17:

$$A: H=2*F/\pi/D/(D−\sqrt{(D*D − E*E)})$$

Der Aufruf erfolgt für F = 150 und D = 100 jeweils nach Eingabe von E durch $\boxed{\text{SHIFT}}$ A $\boxed{\text{ENTER}}$

d [mm]	1	2	3	4	5	6	7	8	9	10
H [N/mm²]	190.98	47.74	21.22	11.93	7.63	5.30	3.89	2.98	2.35	1.91

Aufgabe 18:
```
 10: INPUT "A=";A, "B=";B
 20: D=A*A/4-B
 30: IF D < ØTHEN 90
 40: X=-A/2+√D
 50: Y=-A/2-√D
 60: PRINT"X1=";X
 70: PRINT"X2=";Y
 80: GOTO 130
 90: R=-A/2
100: I=√-D
110: PRINT "REAL=";R
120: PRINT "IMAGINAER=";I
130: END
```

Die Fallunterscheidung, ob reelle oder konjugiert komplexe Lösungen vorliegen, wird in Zeile 30 getroffen.

Aufgabe 19:
```
  1: REM EFFEKTIVER MONATSZINS
 10: INPUT "KREDIT=";K
 20: INPUT "LAUFZEIT=";M
 30: INPUT "MONATSRATE=";R
 40: X=2*(M*R/K-1)/(M+1)
 50: PRINT USING "##.##"; "FORMELWERT";X*100;"%"
 60: INPUT "ITERATIONEN<=";N
 70: INPUT "GENAUIGKEIT=";D
 80: I=1
 90: Y=(1+X)∧M*(K*X-R)+R
100: Z=(1+X)∧(M-1)*((M+1)*K*X+K-M*R)
110: IF Z=ØTHEN 160
120: E=Y/Z
130: X=X-E
140: IF ABS E <= D THEN 180
150: IF I < N THEN 200
160: PRINT "SCHLECHTER START"
170: GOTO 220
180: PRINT "MONATSZINS";X*100;"%"
190: GOTO 220
200: I=I+1
210: GOTO 90
220: END
```

Das dem Flußdiagramm in 3.3 entsprechende Newton-Verfahren ist in den Zeilen 6Ø bis 22Ø enthalten. Anstelle der gefundenen Näherungslösung wird unmittelbar der effektive Monatszins ausgegeben. Man kann sich bei der Programmdurchführung noch Tipparbeit sparen, wenn man die Zeilen 6Ø und 7Ø ersetzt durch

6Ø: N = 1Ø
7Ø: D = 1 E − 9

Zahlenbeispiele: K = 4ØØØ

Laufzeit	Monatsrate	Formelwert	Monatszins
18	249.3Ø	1.282631579 %	1.23941Ø668 %
24	193.5Ø	1.288 %	1.23Ø4Ø4268 %
3Ø	16Ø.ØØ	1.290322581 %	1.219Ø82632 %
36	137.8Ø	1.298378378 %	1.213291212 %

Aufgabe 20: Die Zeilen 19Ø, 2ØØ und 21Ø des Programms aus Aufgabe 19 werden gelöscht, die Zeilen 8Ø und 15Ø ersetzt durch

```
 8Ø: FOR I = 1 TO N
15Ø: NEXT I
```

Aufgabe 21:

```
 1: REM FAKULTAET
1Ø: INPUT "N=";N
2Ø: F = 1
3Ø: FOR I = 1 TO N
4Ø: F = F * I
5Ø: NEXT I
6Ø: PRINT "N!="; F
7Ø: END
```

Aufgabe 22:

```
  1: REM INTEGRALSINUS
 1Ø: INPUT "X=";X
 2Ø: INPUT "N=";N
 3Ø: S = X
 4Ø: A = X
 5Ø: Y = X * X
 6Ø: FOR I = 1 TO N
 7Ø: A = A * Y * (2 * I − 1)/((2 * I + 1) * (2 * I + 1) * 2 * I)
 8Ø: S = S + A
 9Ø: NEXT I
1ØØ: PRINT X,S
11Ø: END
```

Für verschiedene Werte von N und X erhält man

X	SI			
	N = 1	N = 5	N = 10	N = 15
1	9.444444 E − 01	9.460830 E − 01	9.460830 E − 01	9.460830 E − 01
5	− 1.944444444	1.536289236	1.549931265	1.549931246
10	− 45.55555556	− 83.889605	1.658344361	1.658347594

Man erkennt an diesen Zahlen, daß die Potenzreihe für kleine X schnell, für große X dagegen langsam konvergiert.

Aufgabe 23:

```
  1: REM NEWTONVERFAHREN
 10: INPUT "STARTWERT=";X
 20: INPUT "ITERATIONSSCHRITTE <=";N
 30: INPUT "GENAUIGKEIT=";D
 40: FOR I = 1 TO N
 50: GOSUB 200
 60: IF Z = 0 THEN 110
 70: E = Y/Z
 80: X = X − E
 90: IF ABS E <= D THEN 130
100: NEXT I
110: PRINT "SCHLECHTER START"
120: GOTO 140
130: PRINT "LOESUNG=";X
140: END
199: REM AUSWERTUNG FUNKTION UND ABLEITUNG
200:
   ·
   ·
   ·
250: RETURN
```

Aufgabe 24: Das Unterprogramm lautet

```
199: REM AUSWERTUNG FUNKTION UND ABLEITUNG
200: Y = C (M)
210: Z = Y
220: FOR J = M − 1 TO 1 STEP − 1
230: Y = Y * X + C (J)
240: Z = Z * X + Y
250: NEXT J
260: Y = Y * X + C (0)
270: RETURN
```

Dieses Unterprogramm kann in dieser Gestalt zum Programm aus Aufgabe 23 hinzugefügt werden. Wichtig dabei ist, daß die Laufvariable in Zeile 220 nicht I ist, weil der Unterprogrammaufruf GOSUB 200 in Zeile 50 aus einer Laufanweisung mit der Laufvariablen I heraus erfolgt. Das Hauptprogramm bedarf aber noch einer Ergänzung durch Anweisungen zur Vereinbarung und Eingabe des Polynomgrads m und der Koeffizienten $a_0, ..., a_m$ (C(0), ..., C(M)):

```
 1 : REM NEWTONVERFAHREN FÜR POLYNOME
 2 : INPUT "POLYNOMGRAD="; M
 3 : DIM C(M)
 4 : WAIT 30
 5 : FOR J = 0 TO M
 6 : PRINT "C"; J; "="
 7 : INPUT C(J)
 9 : NEXT J
10 : WAIT
15 : INPUT "STARTWERT="; X
```

Um nicht mit jedem neuen Startwert auch alle Koeffizienten wieder neu mit eingeben zu müssen, ändern wir Zeile 140 zu 140: GOTO 15.

Wir testen das Programm am Polynom $p(x) = 2 - 4x - 7x^2 + 3x^3$ mit jeweils maximal 10 Iterationsschritten und der Genauigkeit D = 1 E − 9 für verschiedene Startwerte zwischen − 1 und + 3. Es ergeben sich die folgenden Werte:

Startwert=	Lösung=
− 1	− 7.320508075 E − 01
0	3.333333333 E − 01
1	3.333333333 E − 01
2	2.732050808
3	2.732050808
− 0.5	− 7.320508076 E − 01
− 0.2	2.732050808
− 0.17	− 7.320508076 E − 01
− 0.16	SCHLECHTER STARTWERT
− 0.15	3.333333333 E − 01

Die Gleichung p(x) = 0 besitzt die drei verschiedenen Lösungen

1/3   = 3.333333333 E − 01
$1 - \sqrt{3}$ = − 7.320508076 E − 01
$1 + \sqrt{3}$ = 2.732050808

Je nach Startwert steuert das Newtonverfahren die eine oder andere Lösung an.

Aufgabe 25:

```
 1 : REM TEXTINVERSION
10 : INPUT "TEXT=";A$
20 : B$=" "
30 : L = LEN A$
40 : FOR I = 1 TO L
50 : B$ = MID $ (A$, I, 1) + B$
60 : NEXT I
70 : PRINT B$
80 : END
```

Aufgabe 26:

```
  1 : REM REGULA FALSI
 10 : INPUT "STARTWERKE X0=";U
 15 : INPUT "X1 =";V
 20 : INPUT "SCHRITTZAHL <=";N
 30 : INPUT "GENAUIGKEIT=";D
 40 : I = 1
 50 : X = U : GOSUB 500 : W = Y
 60 : X = V : GOSUB 500 : Z = Y
 70 : IF W = Z THEN 120
 80 : E = (V − U) ∗ Z/(Z − W)
 90 : U = V : W = Z : V = V − E
100 : IF ABS E <= D PRINT "LOESUNG=";V : GOTO 130
110 : IF I < N LET I = I + 1; GOTO 60
120 : PRINT "SCHLECHTER START"
130 : END

500 : Y = COS X − X
510 : RETURN
```

Sachwortverzeichnis

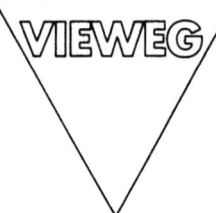

Programmieren von Taschenrechnern

Band 7:
Horst Kreth
**Lehr- und Übungsbuch für die Rechner
SHARP PC-1210, PC-1211 und PC-1212**
3. Aufl. 1984. VI, 121 S. 12 X 19,5 cm. Brosch.

Inhalt: Manuelles Rechnen — Lineares BASIC — Höhere Programmiertechniken — Lösungen zu den Aufgaben.

Band 9:
Claus Peter Ortlieb
**Lehr- und Übungsbuch für die Rechner
SHARP PC-1500/1500 A**
2., durchges. Aufl. 1984. VII, 145 S. 12 X 19,5 cm. Brosch.

Inhalt: Manuelles Rechnen — Grundelemente des Programmierens in BASIC — Weitere Möglichkeiten des PC-1500 — Das Zusatzgerät CE-150 — Lösungen der Aufgaben.

Diese Titel führen in die Benutzung der SHARP-Rechner und in das Programmieren in BASIC ein. Im Vordergrund stehen dabei Anwendungsbeispiele aus dem mathematisch-naturwissenschaftlich-technischen Bereich.